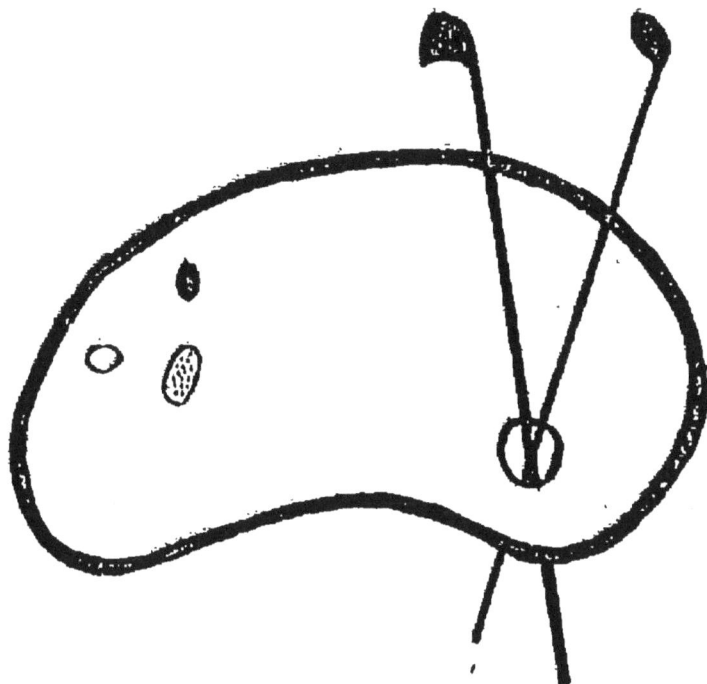

DEBUT D'UNE SERIE DE DOCUMENTS
EN COULEUR

ÉTUDES

SUR

L'HISTOIRE DE LA PROPRIÉTÉ.

LE

DROIT DE MARCHÉ

PAR J" LEFORT

AVOCAT A LA COUR D'APPEL, LAURÉAT DE L'INSTITUT

MEMBRE DE LA SOCIÉTÉ D'ÉCONOMIE POLITIQUE DE PARIS

Mémoire lu a l'Académie des sciences morales et politiques
les 5, 12 et 19 août 1876.

PARIS

GUILLAUMIN ET Cie   ERNEST THORIN
LIBRAIRES ÉDITEURS   LIBRAIRE ÉDITEUR
Rue Richelieu, 14.   Rue Médicis, 7

1877

ORLEANS. — IMP. ERNEST COLAS.

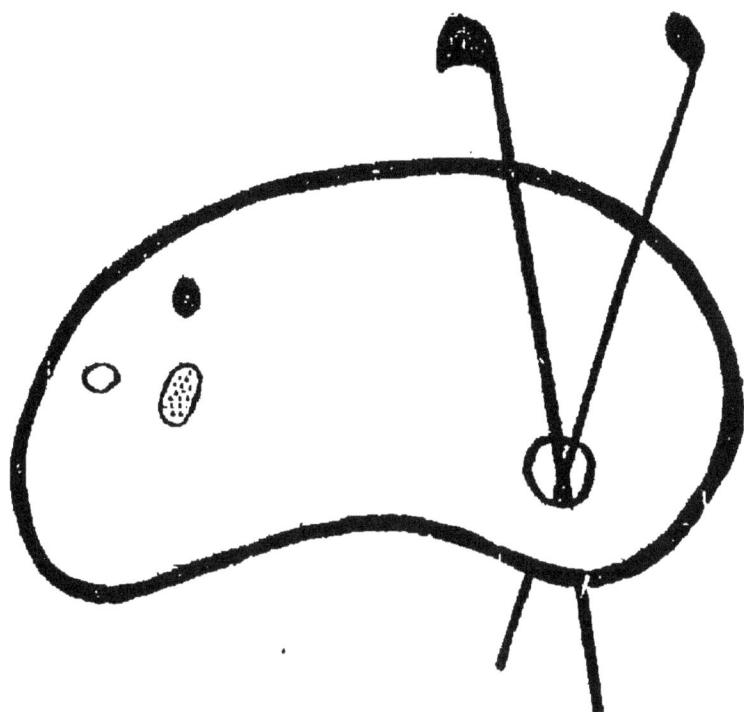

FIN D'UNE SERIE DE DOCUMENTS
EN COULEUR

———

LE DROIT DE MARCHÉ.

———

Dans le nord de la France, dans la partie de la Picardie qui s'appelait jadis le Santerre et qui forme aujourd'hui l'est du département de la Somme (1), il existe un usage singulier : le Droit de Marché, en vertu duquel les fermiers détiennent à perpétuité et héréditairement les biens qu'ils ont loués. Quoique toujours en vigueur de nos jours, cette pratique, convertie en droit par les gens du pays, est peu connue, si ce n'est des habitants de la région du Nord. Il n'y a guère que des écrivains locaux qui en parlent et M. Troplong est le seul jurisconsulte classique, à notre connaissance du moins, qui ait consacré au Droit de Marché quelques pages de son *Traité du Louage* (2). Nous avons déjà abordé ce sujet dans notre *Histoire des Contrats de location perpétuelle* couronnée par l'Académie (3) ; mais aujourd'hui, disposant de matériaux nombreux et importants réunis depuis la publication de notre ouvrage, nous voudrions, dans cette étude entreprise sur les conseils de notre savant maître, M. Ch. Giraud, retracer l'histoire du Droit de Marché, en constater l'état, rechercher les causes

(1) Le Santerre se divisait en Haut et Bas Santerre ; il comprenait, dans le Haut Santerre, Péronne, chef-lieu général, Bray et Chaulnes ; dans le Bas Santerre, Montdidier et Roye.

(2) *Louage*, préface p. LXXX à LXXXV.

(3) V Jh Lefort, *Histoire des contrats de location perpétuelle ou à longue durée.* Paris, Thorin 1874, liv. II, ch. XXI, p. 264.

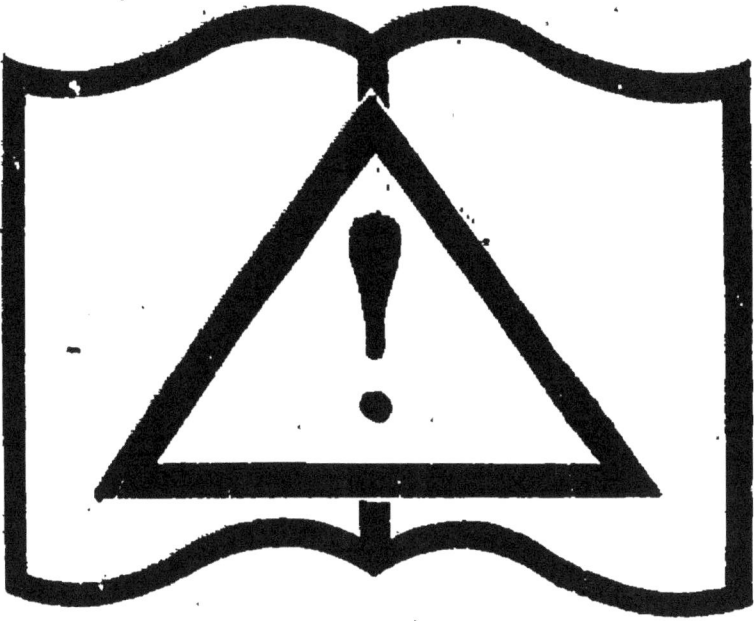

DEBUT DE PAGINATION

de sa persistance et enfin examiner s'il se trouve à l'étranger des situations analogues à celle que le droit de marché fait aux propriétaires picards.

Tout d'abord nous le définirons en disant que c'est la détention perpétuelle et à titre de louage des terres appartenant à autrui par un fermier et par ses descendants, moyennant l'accomplissement des clauses et conditions énoncées dans l'acte de fermage, ou bien encore le droit aux baux successifs des biens concédés à un fermier primitif (1).

CHAPITRE Ier.
ORIGINE DU DROIT DE MARCHÉ.

L'origine du Droit de Marché est fort controversée. Les uns font reposer cet usage sur un accord intervenu entre les propriétaires du sol et les agriculteurs ; les autres pensent qu'il est le résultat d'un malentendu ; d'autres enfin estiment qu'il n'a point de fondement légal, et qu'il n'est qu'une usurpation des fermiers. Telles sont les opinions émises à ce sujet ; nous allons indiquer succinctement les arguments produits à l'appui de chaque système et rechercher ce qu'ils ont de fondé.

Au dire de certaines personnes cherchant à donner une base légale à la coutume, le Droit de Marché remonterait aux Croisades. A cette époque, les seigneurs, propriétaires du sol, désireux de se rendre en Palestine et voulant se procurer des ressources, auraient abandonné à leurs fermiers le droit de jouir à per-

(1) « Son nom vient de Marché de terres, mots qui indiquent le lot de terres que chaque fermier tient d'un propriétaire. » (*Le Droit de Marché, son passé, son présent, son avenir ou sa transformation* par M. G***** ancien notaire. Péronne 1865, br. in-8°, p. 7.

tuité des terres données à bail, en retour d'avances pécuniaires. Bien que cette opinion soit admise d'une façon générale dans le Santerre et qu'elle s'y élève même
à la hauteur d'un dogme, ainsi qu'on l'a dit, elle nous
semble manifestement erronée. Non-seulement lors
des Croisades les tenanciers étaient trop misérables
pour pouvoir faire des économies et acheter ainsi le
droit à la propriété, mais jamais l'idée du contrat de
prêt n'a dû entrer dans l'esprit des seigneurs du temps
qui, pour obtenir ce qu'ils désiraient, n'avaient qu'à pil-
ler et à confisquer. Remarquons de plus que l'on n'a
pu produire aucun acte, aucune pièce, aucun fait, aucune tradition se rattachant à cette transmission ; une
convention si importante aurait certainement été cons-
tatée. Sans doute, à ce moment les seigneurs vendirent
plusieurs droits et consentirent, moyennant des sommes
d'argent, à se dépouiller de quelques-unes de leurs pré-
rogatives, et nous avons des Chartes qui prouvent que
des serfs et des vassaux purent racheter des droits et
que, d'autre part, les bourgeois purent arriver à l'établissement des communes grâce à des redevances ver-
sées entre les mains des grands de l'époque, mais il
ne s'agissait là que de la liberté individuelle ou des fran-
chises municipales et nullement des partages de la
propriété. Aucun texte ne permet de croire à une modification des relations qui existaient entre le propriétaire et le cultivateur. Bien mieux, le Droit de
Marché a frappé et frappe encore de nos jours un grand
nombre de terres libres qui n'ont jamais eu un caractère féodal. Enfin les terres seigneuriales et ecclésiastiques furent en dernier lieu soumises à cette coutume.
Le préambule de l'édit du 25 mars 1724 dit, en effet, en
propres termes, que cet *abus* qui, dans les premiers

temps, ne s'était fait sentir que sur les héritages des particuliers bourgeois des villes, avait fini par s'étendre jusqu'aux biens des églises et des seigneurs.

Des auteurs font du Droit de Marché la récompense de grands travaux exécutés par les gens des campagnes. Ainsi M. Vion (1) croit qu'au début il fut la rémunération du défrichement ou le prix de sacrifices exceptionnels dépassant les obligations d'un preneur ordinaire. Au commencement, la redevance imposée aurait été faible, parce que la terre rendait peu et parce que le maître était intéressé à ménager le travailleur qui mettait le sol en rapport; avec le temps, cependant, les anciennes relations se seraient gravement modifiées. En présence d'un propriétaire n'ayant qu'un vain titre, l'idée de partage se serait faussée, aurait disparu progressivement et le cultivateur en serait arrivé à se considérer comme le détenteur légitime du bien dont il avait augmenté la valeur. A l'encontre de ce système il est facile de remarquer, d'une part, qu'au Moyen-âge les idées de bienveillance à l'égard des cultivateurs n'avaient guère cours auprès des seigneurs et, d'une autre part, qu'on ne retrouve aucune institution semblable dans les contrées ou de grands travaux furent exécutés par les vilains et les campagnards. Si le Droit de Marché avait été adopté pour favoriser les défrichements on le rencontrerait ailleurs et notamment dans les pays boisés; or, l'on peut affirmer que cette coutume est véritablement unique. Il est impossible de ranger cette pratique parmi les contrats usités au Moyen-âge; nous ne voyons aucun point de contact

(1) E. Vion. *Le Droit de Marché*. Péronne 1868, 1 br. in-8°, p. 14, etc.

avec les concessions alors en vigueur. On sait parfaitement que dans plusieurs localité de notre pays le clergé concédait des espaces boisés à défricher en retour de certains avantages, et M. L. Delisle a mentionné plusieurs chartes relatant cette convention (1), mais il s'agit là tout simplement du précaire, contrat bien connu aujourd'hui et qui n'a aucun rapport avec la coutume picarde. Nous avons d'ailleurs un très-grand nombre de formules de précaires, tandis que pour le droit de Marché l'on n'a jamais pu citer un seul texte, un seul modèle de concession. M. Vion, il est vrai, semble avoir prévu cette réponse car il dit que le défricheur-fermier étant un malheureux serf ne put jamais songer à faire constater ses droits par écrit ; pourtant n'a-t-on pas des exemples de précaires et d'autres contrats passés par des serfs ou par des personnes qui ne disposaient pas d'une plus grande autorité morale (2) ?

L'auteur anonyme d'une brochure, fort intéressante, du reste, fait remonter l'origine au partage des terres qui suivit l'invasion franque (3). Remarquant que les vainqueurs, après s'être emparés des terres, réduisirent les vaincus au rôle de colons chargés de cultiver pour des maîtres, cette personne ajoute : « On dût respecter de suite dans le nouveau colon son ancien titre de possesseur, voir dans les terres qu'il cultivait le sceau non encore effacé de la propriété, et considérer son droit à exploiter ses propres biens, quoique perdus, comme incontestable. Le fils succéda au père dans la culture

(1) *Classes agricoles en Normandie*, p. 392, etc.

(2) V. notre *Histoire des contrats de locat. perpét.*, p. 150, Cf. Grimm *Deutsch. Rechts Alterth.* 364.

(3) *Le Droit de Marché*, etc. par G***, p. 14.

de ses terres à ferme, comme il lui eût succédé dans la culture de ses terres en propriété. Il en fut de même des descendants de celui-ci. C'est ainsi que le droit de marché commença et s'établit à l'abri de l'ancien droit de propriété dont il fut une conséquence aussi naturelle que légitime. » Ce système ne nous paraît pas plus admissible que le précédent, et l'histoire du droit de propriété après l'invasion germanique permet de le réfuter. Il est bien certain qu'après la conquête les barbares, se contentant du titre de propriétaire, laissèrent les anciens possesseurs exploiter le sol, sous certaines conditions, mais la transaction qui intervint (l'hospitalitas) diffère essentiellement du droit de marché. Comme nous l'avons dit ailleurs (1), du reste, l'hospitalitas disparut à tout jamais, sans laisser de traces, quand le barbare, d'abord heureux de jouir de la propriété sans avoir à cultiver, en arriva à vouloir le domaine entier, et à diriger l'exploitation à son gré. L'histoire de l'hospitalitas est trop bien connue aujourd'hui pour que l'on puisse croire à la persistance de ce contrat sous un nom nouveau. — Un historien local, M. l'abbé Paul de Cagny (2), établissant une complète analogie entre le droit de marché et le précaire, croit que le premier remonte à la coutume qu'avaient beaucoup de particuliers, dès la fin du ixe siècle, de donner leurs biens à des monastères, à la condition d'en conserver l'usufruit pour eux et les leurs, moyennant une redevance fixe et perpétuelle. Cet auteur cite même des documents qui nous montrent des individus donnant

---

(1) V. *Hist. des contrats de locat. perpét.*, p. 154.

(2) *Histoire de l'arrondissement de Péronne et de plusieurs localités circonvoisines*, 2e édit. Péronne 1869, t. I, p. xix-xx.

leurs biens à des établissements religieux, à la charge
de les recevoir à titre de précaire (1). Toutefois, il
faut objecter, d'un côté, que les terres seigneuriales
et ecclésiastiques, c'est-à-dire celles qui donnaient surtout lieu au contrat de précaire, furent les dernières
qu'atteignît le droit de marché, et d'un autre côté, que
tout ce que l'on sait de la législation propre aux précaires s'oppose à une assimilation. D'abord un écrit
(precaria, autrement dit carta, epistola precaria) (2) devait toujours être rédigé et devait même être renou-
velé tous les cinq ans (3), tandis qu'il n'a jamais été
question d'un contrat, d'un écrit en matière de droit de
marché. Ensuite le précaire était, de son essence, tem-
porare. Si fréquemment l'Église consentait à laisser les
enfants en possession, il est juste de noter qu'elle n'y
était point obligée, que la plupart du temps cette condition lui était imposée lors de la donation, et que
cette prolongation de jouissance coïncidait toujours
avec une aggravation de la redevance, bien que les
fermiers aient pendant très-longtemps refusé d'admettre cette augmentation. M. Saudbreuil a cité une
autre opinion qu'il convient de mentionner et qui ferait
reposer le droit de marché sur une sorte de malentendu. D'après lui (4), on dit parfois pour justifier les
prétentions des fermiers que ces derniers ayant, à leur

---

(1) Cart. 8 sept. 883 (V. Migne *Patrol.*, t. 136, p. 1251 et D.
Guérard *Chartularium Folquini*) ; *Chron. abb. Longip.* 107 ; *Hist.
d'Arrouaise*, p. 200.

(2) V. Pertz *Monum. Legal.* 1, 29 et Bened. Levita, V. 198.

(3) Capit. 846, Baluze II, 32 : cart. 771, Marten. *Amplis, collect.*
1, 35.

(4) *Discours prononcé à l'aud. de rentrée de la cour d'Amiens.
Du Droit de Marché*, Amiens, Lemer 1664, p. 16-17.

entrée en jouissance ou à l'époque du renouvellement
des baux, payé des droits d'entrée (ou *intrade*) qui ne
leur étaient point restitués à leur sortie, auraient fini
par se considérer comme ayant acquis une fraction du
droit de propriété. Le même auteur nous fournit une
réfutation de ce système dans les lignes suivantes : « Il
est à craindre, dit-il, qu'ici ce soit l'explication elle-
même qui repose sur une méprise et que l'on n'ait
confondu l'effet avec la cause. La plupart des propriétaires ont subi et subissent encore les exigences
du droit de marché, mais de mauvaise grâce, et ne
pouvant l'attaquer en face, ils lui ont fait une guerre
détournée. La grande querelle entre le propriétaire
et le fermier c'est le fermage que l'un voudrait augmenter et que l'autre entend maintenir immuable. A quel
expédient le propriétaire a-t-il eu recours afin d'obtenir une compensation telle quelle aux avantages dont
il est privé? Il a imaginé, à chaque substitution d'un
fermier à un autre, d'exiger une sorte de droit d'investiture qui se résout en une somme une fois payée et
qui a reçu le nom de droit d'entrée ou *intrade*. Cet
usage est aujourd'hui fréquemment pratiqué et on en
trouve la trace dans les plus anciens baux. Les fermiers y ont facilement consenti, car il est une recon-
naissance implicite de la coutume contre laquelle les
propriétaires ont toujours protesté. Il consacre, en
quelque sorte, le droit de marché, mais il ne le crée pas,
il suppose même son existence préalable. » Ce qui le
prouve surabondamment, c'est que l'intrade se paye en
même temps que l'on dispose du droit de marché lui-
même. Le fermier qui veut céder sa jouissance à un
tiers en reçoit d'abord le prix et pour ce premier contrat il ne consulte pas son propriétaire, mais comme

il a besoin de faire agréer cette substitution (interdite d'ordinaire par les baux), il conduit son successeur au propriétaire qui, à son tour, fait payer sa ratification par une intrade. «Voilà le droit de marché pris sur le fait et celui-ci est tellement dans ses habitudes que le chiffre de l'intrade est prévu par la coutume, à défaut de stipulation dans les contrats. »

A notre avis, la seule opinion admissible est celle qui, refusant au droit de marché une origine légale, le fait dériver d'une détention abusive par les cultivateurs. A l'époque féodale, la propriété étant exposée à de graves dangers, lors du renouvellement d'un bail le fermier dût se servir de sa possession et profiter de la difficulté qu'éprouvait le propriétaire à trouver d'autres cultivateurs pour se faire attribuer des avantages exceptionnels. Le propriétaire, peu désireux de sortir des villes où il était en sureté pour reprendre une exploitation dangereuse, hors d'état, par suite, de veiller à ses biens ruraux, dût fréquemment subir la loi de celui qui se savait nécessaire et indispensable. Il se peut parfaitement que les fermiers en possession aient refusé de quitter la place, et que les bailleurs, incapables de résister, voulant parfois se soustraire aux soucis de la culture, aient consenti plus ou moins volontairement à garder ces locataires, reconnaissant, du reste, les heureux résultats des baux à longue durée entourés alors d'une grande faveur. En un mot, d'après ce système qui nous paraît le plus fondé, le droit de marché proviendrait d'une usurpation commise par les fermiers. Les pères croyant avoir une possession juridique et ne reculant point devant les voies de fait pour écarter ceux qui tentaient de porter atteinte à ceux que l'on prenait pour un droit, les fils en arrivèrent à se considérer comme co-propriétaires et comme ayant un droit aussi respectable que celui des bailleurs. Le fait prit l'apparence du droit.

Telle est l'opinion qui nous semble la plus vraisemblable et que nous nous décidons à adopter, après de longues hésitations, Pour la confirmer, nous invoquerons plusieurs preuves. Et d'abord nous dirons que cet usage se retrouve seulement dans le nord de la France, dans un pays frontière où les ravages de la guerre se firent tant sentir, (surtout à partir du XVe siècle), où par suite la propriété exposée à tous les dangers et à tous les risques, était très-peu sûre. Une contrée qui n'eut pas moins à souffrir, le Hainaut, nous offre, du reste, l'exemple d'une coutume à peu près semblable, *le mauvais gré*. Il ne faut point invoquer les mots de droit de marché pour soutenir qu'un contrat primitif est intervenu entre les propriétaires et les exploitants, car l'on sait en Picardie que marché de terres désigne l'objet même d'un bail. Les documents que l'on possède prouvent, au surplus, que dès le XVIIIe siècle cette opinion était regardée comme la seule vraie. Nous lisons, en effet, dans un arrêt du Conseil d'État en date du 25 mars 1724 : « Le roi étant informé que les longues guerres que les rois, ses prédécesseurs, ont été obligés de soutenir sur les frontières de Picardie, ayant privé la plus grande partie des propriétaires des terres qui y sont situées de la liberté de sortir des villes où ils faisaient leur résidence pour veiller à leurs biens de campagnes, les fermiers pendant tout ce temps et même depuis, surtout dans la partie de Picardie appelée Santerre, se sont maintenus de père en fils dans leurs exploitations, en payant seulement aux propriétaires de modiques redevances telles qu'elles étaient établies pendant les anciennes guerres où les biens n'étaient point en valeur et se sont insensiblement accoutumés à en jouir comme de leur propre bien, sans vouloir ni renouveler leurs baux, ni en proportionner le prix aux circonstances des temps, ni même souffrir leur dépossession, suivant une ancienne tradition et une espèce de convention qu'ils ont eu la témérité de faire entre eux de se maintenir réciproquement dans l'indüe possession des biens qu'ils avaient à ferme, sans qu'aucun pût prendre le bail de l'autre, ni le déposséder de sa jouissance.... » Un édit royal du 4 novembre 1679 nous parle également d' « un désordre causé par la longueur et la rigueur des guerres » et des fermiers s'emparant des biens « à la faveur et pendant les dites guerres » (1).

(1) Dans un travail communiqué en 1834 à l'Académie du département de la Somme, sous le titre de *statistique de l'arrond. de Péronne* (*Mémoires* 1830-35, t. 1, p. 174, etc.) M. Hyver père s'occupant de cette question du Droit de Marché a indiqué l'origine suivante. D'après lui, à l'époque où la Picardie était en proie aux dévastations et aux guerres, comme la culture des terres était délaissée, des habitants de la campagne se seraient hasardé à cultiver des portions de domaines abandonnés et auraient offert leurs services aux moines. Partagés entre la crainte d'élever à grands frais des fermes qui pouvaient devenir de nouveau la proie des flammes et le désir de reconstituer leurs anciens domaines, partant leur ancienne suprématie, ces derniers auraient accueilli ces propositions et leur exemple aurait été suivi par les propriétaires qui, moins que les couvents, avaient le pouvoir de tirer parti de leurs terres. Sans croire à l'intervention d'une convention verbale entre les propriétaires et ces colons volontaires, M. Hyver pense que ces derniers ont abusé de leur position pour faire la loi aux propriétaires. Sur ce dernier point comme sur l'époque nous sommes d'accord avec l'auteur, mais nous ne pouvons admettre que le Droit de Marché ait d'a-

CHAPITRE II.

HISTOIRE DU DROIT DE MARCHÉ.

Quoi qu'il en soit, jusqu'au XVIIe siècle les renseignements sur le droit de marché manquent totalement;
les recueils du temps sont muets à son encontre et
son histoire ne date, pour ainsi dire, que de l'époque
de Louis XIV. Sans contredit, il existait avant, et les
abus auxquels il a donné lieu se produisaient bien,
mais l'autorité ne semblait pas s'en inquiéter outre
mesure. C'est ce que permet de croire l'absence de
toute décision importante. Il y eut certainement des
mesures édictées antérieurement puisque l'édit de 1670
constate que l'on n'a pu remédier par les voies ordinaires
de la justice, mais l'on ne sait absolument rien à cet
égard. Les textes eux-mêmes sont entièrement incon-
nus. Le premier document juridique que l'on possède
remonte à l'année 1670. C'est un édit du 4 novembre
rendu dans le but de faire cesser les excès de tous gen-
res que venait de constater l'intendant de Picardie et
d'Artois, M. de Breteuil. Le préambule de cet édit expose les griefs ainsi que la situation actuelle : « Le roi
ayant été informé que par un désordre causé par la
longueur et la rigueur des guerres il est arrivé que
dans les villages de la Picardie, du côté de l'Artois,
Cambrésis et Vermandois, la plus grande partie des
biens et fermes appartenant à plusieurs particuliers
ont été et sont encore présentement occupés et détenus
par force et sans le consentement des propriétaires,

bord porté sur les terres ecclésiastiques. Nous avons donné plus
haut nos raisons basées sur des textes, nous n'y reviendrons pas.

soit par leurs anciens fermiers ou autres qui s'en sont
emparés à la faveur et pendant les dites guerres, les
ayant partagés à leurs enfants qui les ont fait passer
par ventes, échanges, ou autrement ès mains d'autres
personnes, ne les voulant point rendre, reprendre à
nouveau fermage, ni passer aucun bail, nonobstant les
divers commandements qui leur en ont été et leur sont
journellement faits ; jusque là même qu'encore qu'ils
témoignent par leurs discours ne vouloir pas en empêcher la jouissance aux dits propriétaires, sans un
exprès consentement d'eux, signé volontairement et
sans contrainte de justice, moyennant des sommes
considérables qu'ils en retirent. Personne n'oserait reprendre ces biens en ferme desdits propriétaires, par
les menaces secrètes du feu ou autres mauvais traite-
ments et outrages qui leur sont faits par des voies in-
directes de la part des dits occupeurs, dont il est presque impossible d'avoir des preuves.... » Désireux de
supprimer cette pratique qui engendrait des abus,
troublait la tranquillité publique, mais voulant surtout
remédier aux voies de fait exercées par les fermiers
qui se prétendaient évincés, Louis XIV se décida à em-
ployer « une sévérité de droit extraordinaire, » « les voies
ordinaires de la justice » n'ayant pu suffire. Il défendit,
en conséquence, de retenir et occuper les biens sans
le consentement des propriétaires et il ordonna d'en
laisser immédiatement la libre possession et jouissance
à ces derniers, sous peine de châtiments sévères. En
effet, prévoyant le cas où ceux qui détenaient les
terres empêcheraient, « par malice et artifice, » de les
prendre à ferme, de manière à laisser les domaines en
friche, l'édit déclara responsables « les manants et
habitants de la communauté de la situation principale

desdits bien, eu égard à la demeure du fermier d'iceux. »
En pareille circonstance, ils devaient payer annuelle-
ment les loyers et fermages, et d'autre part, supporter
les charges foncières et impositions au profit des propriétaires. L'intendant général de la province, chargé
de l'exécution de cet édit, reçut, en outre, le droit de
connaître de la matière ; la juridiction était bien attri-
buée précédemment aux justices seigneuriales, mais
le roi semblait s'en méfier avec raison.

Ces injonctions n'effrayèrent point les cultivateurs
car dans un arrêt du Conseil d'État en date du 6 avril 1688
prescrivant à l'intendant Chauvelin d'informer à l'encontre des méfaits signalés, nous voyons que les
paysans recouraient à l'incendie et à l'assassinat pour
se venger des dépointeurs. De plus, ils coupaient les
arbres dans les jardins des curés coupables de leur
avoir fait des remontrances, ils tiraient des coups de
fusil et de pistolet dans les fenêtres et les portes, et ils
exerçaient même des violences contre les juges qui
voulaient réprimer ces désordres. Les menaces de
l'autorité ne restèrent pourtant pas vaines. Nous en
trouvons la preuve dans un document manuscrit et
inédit du temps (1) reproduisant, avec une ordonnance
de Chauvelin contre les habitants de Pozière (20 fé-
vrier 1693), un curieux placet au roi renvoyé à l'intendant. Un sieur de Monstrelet y formulait ses plaintes
en disant que depuis qu'il avait dû reprendre et faire
valoir lui-même un marché de terres abandonnées par
les fermiers, ces derniers, soutenus par leurs parents

(1) Nous en devons la communication à M. E. Cazin à qui nous
nous empressons d'adresser tous nos remerciements pour les renseignements qu'il a bien voulu nous donner.

et par plusieurs habitants de Pozière, s'étaient sans
cesse livrés à des voies de fait à son égard. D'après
lui, ces gens menaçaient les personnes à son service,
tuaient les animaux, coupaient les récoltes, décou-
vraient les granges et emportaient les grains, brisaient
les portes, les charrues etc. brûlaient les meubles,
tiraient la nuit des coups de fusil dans les maisons et
les écuries dans l'intention de blesser les serviteurs et
de tuer les animaux. Averti de ces faits, l'intendant,
visant l'édit du 4 novembre 1679, décida que les habitants de Pozière paieraient au sieur de Monstrelet la
redevance et le fermage des terres pendant deux années
sur le pied des terres voisines de même nature et, de
plus qu'ils feraient les labours et semailles comme des
cultivateurs ordinaires. Quatre des principaux habitants furent, en outre, déclarés responsables du paiement de la redevance.

Toutes ces dispositions n'amenèrent aucun change
ment ; elles manquaient, d'ailleurs, de précision et ne
s'attachaient pas directement au but qu'il importait
d'atteindre. Ce qui excitait des plaintes, en effet, ce
n'était point l'abandon des terres, mais bien leur occupation à perpétuité par les fermiers. C'était cette usurpation qu'il fallait réprimer, et pas autre chose. On le
comprit enfin et l'arrêt du Conseil du 17 juin 1707 fut
rendu. Le souverain déclarait d'abord évoquer la connaissance de tous les procès criminels commencés par
les officiers des juridictions de la généralité d'Amiens
pour fait d'incendie et assassinat commis sous prétexte de dépossession de baux des terres appartenant à
des particuliers ; il remettait ensuite la mission exclusive de diriger les poursuites au commissaire départi
dans la généralité, lequel était aussi chargé d'informer

sur les plaintes nouvelles et de les juger. Dans sa seconde partie l'arrêt édictait des mesures pénales. Ainsi
il enjoignait à tous fermiers et censiers, jouissant sans
baux et sans le consentement des propriétaires, d'abandonner immédiatement l'exploitation des terres ; de
plus, il interdisait aux notaires et tabellions, à peine de
100 livres d'amende et de dommages intérêts, de passer
des actes concernant le droit de marché ; bien mieux,
des copies collationnées de ceux qui contenaient des
partages, donations et des rétrocessions des biens appartenant à autrui devaient être remises aux procureurs
du roi chargés, à leur tour, de les transmettre au
commissaire. A l'égard des terres que les anciens fermiers pouvaient laisser en friche, le roi voulait qu'elles
fussent exploitées par les habitants les plus haut co-
tisés à la taille de la paroisse de leur situation, et mettait à la charge des cultivateurs la redevance due aux
propriétaires et perçue soit sur le pied des terres voisines, soit d'après le tarif dressé par le commissaire
départi.

Malgré toutes les précautions prises par l'autorité
pour faire respecter l'édit de 1707 (1), le droit de marché persista. On était d'ailleurs sous le coup de dé-
sastres répétés et la France était dans une telle crise
que l'insuccès des mesures ordonnées se conçoit aisément. Le préambule d'un édit du 3 novembre 1714 constate bien le peu de résultats obtenus par les ordonnances précédentes. Il nous parle longuement, en effet,

(1) Une ordonnance de Bignon, intendant de Picardie et d'Artois,
en date du 21 juin 1707, prescrivait, par exemple, la lecture et la
publication de l'arrêt dans les villages, bourgs et paroisses par les
curés, à l'issue de la messe paroissiale.

des incendies, meurtres et autres excès commis par les fermiers et leurs adhérents soit contre les personnes et les biens des propriétaires exploitant leurs domaines, soit contre leurs valets, leurs domestiques, leurs bestiaux et leurs instruments de travail. Pour plus de sûreté seulement, les affidés, paraît-il, avaient soin de ne commettre leurs méfaits que la nuit et le visage masqué; aussi était-il fort difficile d'acquérir la preuve des voies de fait. La notoriété et la présomption ne laissaient certainement aucun doute sur les auteurs, mais la conviction n'était pas suffisante pour que l'on pût sévir. « Cette impunité, lisons-nous dans le document précité, cause la perpétuité du mal au grand préjudice des particuliers propriétaires de la culture des terres, d'autant plus que par la durée de ces abus, les manants et paysans de qualité à exploiter les terres se sont fait, dans leur esprit, une espèce de droit de leur indue possession, de telle sorte que la vengeance, en pareil cas, passe, selon eux, pour une espèce de légitime défense de leurs biens et qu'on ne peut détruire que par des remèdes extraordinaires et singuliers, convenables à un mal aussi intéressant et aussi invétéré. » Cette situation déplorable était due, selon l'arrêt, aux « nombreuses occupations que les affaires de la dernière guerre avaient données au commissaire départi dans la province, et qui avaient mis l'intendant dans l'impossibilité de suivre la connaissance de l'instruction de toutes les affaires produites par une aussi ample matière dont l'abondance était même telle qui lui était très-difficile d'en être seul chargé avec les autres services indispensables. » Aussi lorsque les périls furent conjurés et lorsque la France eut été sauvée à Denain, songea-t-on à faire cesser ces désordres.

2

C'est à cela que tendit l'arrêt du 3 novembre 1714 édictant à la fois des règles de procédure et des prescriptions pénales. Afin d'activer la répression des crimes et délits on enleva au commissaire départi le droit (conféré par l'arrêt de 1707) de faire instruire les procès devant tel siège à son choix et l'on confia au seul présidial d'Amiens la connaissance des infractions commises sous prétexte de dépossession de baux des terres appartenant à des particuliers. Le juge en dernier ressort fut toujours le commissaire départi statuant avec le concours des officiers du siège. Le roi ordonna aux fermiers ou censiers d'abandonner l'exploitation des terres détenues sans bail ou sans le consentement du propriétaire, en même temps il leur défendit soit de détourner par menaces ou autrement ceux qui se présenteraient pour cultiver à leur place, soit de céder, transporter et délaisser leurs baux et marchés, en totalité ou en partie, à leurs enfants, à des parents ou à des étrangers, menaçant les notaires concourant à l'acte d'une amende de 500 livres, de dommages intérêts et même de l'interdiction. L'arrêt fit plus encore. Il aggrava le système de responsabilité imaginé quelques années auparavant. Les personnes et les biens des propriétaires et nouveaux fermiers, de leurs enfants, de leurs domestiques et des exploitants furent placés sous la sauvegarde particulière des anciens fermiers tenus de veiller à la conservation et garde desdites personnes et de leurs biens, à peine d'être garants et responsables des incendies, meurtres ou autres excès. En cas de méfait commis à l'encontre de ces personnes, les premiers fermiers, sur simple dénonciation et sans autre preuve que la notoriété, encouraient l'emprisonnement jusqu'à la découverte des vrais coupa-

bles. Toutefois, on ne se borna point à ces mesures sévères et le roi enjoignit pareillement aux communautés
des villages et paroisses du domicile des nouveaux fermiers de veiller à la sauvegarde de leurs personnes
ainsi qu'à celle de leurs biens. Si ces cultivateurs ou si
les propriétaires exploitant leurs domaines éprou-
vaient quelques troubles et si leurs biens étaient abandonnés par le fait des fermiers, les plus imposés étant
déclarés responsables devaient faire travailler les terres et payer le fermage fixé d'après celui qu'acquittaient
les tenanciers voisins, ou d'après le chiffre fixé par le
commissaire. Ces pénalités pourtant n'eurent point le
résultat que l'on espérait; bien mieux, le droit de marché parut grandir. On s'aperçut, en effet, qu'il fran-
chissait les limites du Santerre pour s'étendre petit à
petit dans le surplus des élections de Péronne, Montdidier et Saint-Quentin, dans celles d'Amiens, Abbeville,
Doullens et dans le comté d'Artois ; on le signala dans
une partie des élections de Noyon et de Beauvais
dépendant de la généralité de Paris. Un document
officiel, que nous aurons l'occasion de citer tout à
l'heure, ajoute également que cette coutume qui, dans
les premiers temps, ne s'était fait sentir que pour les
héritages des bourgeois des villes commença à grever
les biens des églises et des seigneurs. Il fut même réclamé par de simples ouvriers des champs (moissonneurs, batteurs en grange, bergers, gardes de bois etc)
regardant, à leur tour, leur emploi comme une fonction
héréditaire. Évidemment, en voyant les résultats auxquels étaient arrivés les fermiers, ces serviteurs
devaient vouloir agir de même ; c'était dans l'ordre
des choses. Les occupeurs ne pouvaient guère se
plaindre car leurs prétentions n'étaient pas plus fon-

dées que celles de leurs bergers. Aussi ces derniers en
profitaient-ils. Si un maître renvoyait son domestique
il lui était fort difficile de le remplacer car celui qui
consentait à se louer pouvait être mis à mort comme
s'il s'agissait d'un dépointeur. Ces travailleurs, se sen-
tant unis et forts, abusèrent de leur position à tel point
qu'en cas de vacance le maître était tenu de choisir un
remplaçant dans un certain nombre de familles de bergers, à l'exclusion de toute autre personne. C'est alors
que l'on eût recours à une sévérité exceptionnelle, et
qu'à la date du 25 mars 1724 fut rendu le terrible arrêt
du Conseil prescrivant d'abord l'exécution de l'ordonnance du 4 novembre 1679, celle des arrêts des 17 juin
1707 et 17 octobre 1714 et ajoutant plusieurs dispositions
nouvelles destinées à aggraver les anciennes pénalités.

On ne se contenta pas de défendre aux agriculteurs
d'exploiter les biens d'autrui à titre de fermiers, sans
un bail écrit, et de se livrer à des voies de fait à l'encontre des propriétaires et nouveaux fermiers, on ne
se borna pas à interdire aux notaires, tabellions et autres officiers de justice de passer et recevoir entre
fermiers aucun acte portant transport, cession, vente,
donation même par contrat de mariage, partage de
baux à ferme, en tout ou en partie, à peine de 500 livres d'amende, de destitution et de dommages intérêts ;
on employa encore des moyens exceptionnels pour
abattre et déraciner la pratique du droit de marché.
Comme les preneurs qui détenaient la terre, non d'après
un bail actuel, mais en vertu d'un bail ancien, invo-
quaient la tacite réconduction, de manière à donner
un fondement légal à leurs occupations, on la déclara
abolie et l'on prescrivit aux parties de ne plus s'en
servir et aux juges de n'y avoir plus égard. Il fut en-

joint aux fermiers qui n'avaient pas un bail écrit éma-
nant du vrai propriétaire ou bien qui n'avaient pas fait
renouveler leur titre; de cesser sur le champ leur exploitation, de notifier leur abandon aux propriétaires
dans les trois mois de la publication de l'arrêt et de
déposer l'acte au greffe de l'intendance, sauf repéti-
tion pour les labours, semences et amendements. Les
contrevenants étaient passibles, pour la première fois,
d'un fermage double et pour la seconde, de l'emprisonnement. Sur simple dénonciation et sans autre
preuve que la notoriété de leur exploitation, ils devaient être arrêtés avec leurs femmes et leurs enfants
et transportés aux colonies. Pour les terres à louer
par suite des abandons dont il a été parlé plus haut ou
par suite de l'expiration des baux, les propriétaires
qui n'avaient point trouvé de nouveaux fermiers volontaires devaient, aussitôt après la signification des actes
d'abandon ou dix-huit mois avant la dernière *dépouille*
des baux à expirer, les faire publier et afficher à la
porte des églises paroissiales, à l'issue de la messe,
par trois dimanches consécutifs. Si au bout de quatre
mois il ne se présentait point de nouveaux fermiers,
volontaires et solvables, pour prendre les terres à bail
et en payer un loyer équivalant ou bien égal soit à
celui des biens voisins, soit à l'estimation faite d'office,
les habitants les plus imposés de la paroisse sur laquelle les domaines étaient situés devaient les faire
valoir d'après le chiffre fixé par les bailleurs (1). Les

(1) Dans l'antiquité il existait une coutume à peu près semblable,
destinée à mettre obstacle aux abandons de biens; seulement il s'a-
gissait à cette époque des intérêts du trésor. Les cultivateurs devaient
prendre les fonds stériles voisins de leur exploitation et qui n'étaient
point cultivés. Ce droit d'adjonction des terrains stériles aux do-

communautés étaient déclarées responsables envers ces derniers de l'entretien des terres en bon état et garantissaient la solvabilité du fermier ; les précédents fermiers étaient chargés de payer la moitié de la taille, à la décharge du locataire actuel ou des communautés, jusqu'à ce qu'il y eût des fermiers solvables. A l'avenir les preneurs étaient tenus de mettre et d'entretenir les terres en bon et suffisant état de labours et amendements, à peine de dommages intérêts prononcés par la justice au profit des propriétaires et fermiers subséquents.

Pour mettre à exécution l'art. 9 de l'arrêt défendant de molester les propriétaires et nouveaux fermiers dans leurs personnes, leurs parents, leurs serviteurs et leurs biens, le roi rendait responsables les anciens fermiers, les communautés des villages et paroisses, enjoignant aux uns et aux autres, spécialement aux plus imposés à la taille, de veiller à la conservation et garde des dites personnes et de leurs biens, à peine d'être garants des incendies, meurtres et autres excès. Cette responsabilité ne devait pas être un vain mot car si les coupables ne pouvaient être connus ou arrêtés, sur simple dénonciation et sans autre preuve que la notoriété du méfait, les anciens fermiers dépossédés, leurs femmes et leurs enfants demeurant avec eux ou dans le même village, devaient être arrêtés et mis en pri-

maines cultivés, nommé ἐπιβολὴ et remontant à Constantin, avait pour but de permettre au pouvoir de recouvrer les impôts auxquels essayaient de se soustraire les cultivateurs qui préféraient délaisser leurs biens, tant étaient écrasantes les charges imposées (V. sur ce point l'*histoire du droit privé greco-romain* par Zacharie de Lingenthal traduite par M. E. Lauth et notre *Histoire des contrats de locat. perpét.* p. 73 et suiv.)

son pour être ensuite transportés aux colonies ; leurs
biens devaient être saisis et vendus jusqu'à l'entière
réparation du dommage causé. Le seul moyen d'éviter
ces châtiments consistait dans la preuve (fournie dans les
trois mois du jour de l'emprisonnement) que les méfaits
avaient été commis par d'autres. Les communautés de
villages et paroisses étaient obligées de prêter aide et
secours aux archers, huissiers et sergents venus pour
remplir leur mission ; naturellement la peine consistait
dans la responsabilité que supportaient principalement
les plus imposés à la taille. On a vu plus haut quelle
peine était prononcée contre les coupables ; disons que,
par une barbare disposition, après la condamnation et
l'exécution des individus prévenus d'incendie, de
meurtre et autres excès, le survivant des époux et les
enfants, lorsque le domicile était le même, pouvaient
être arrêtés et mis en prison jusqu'à ce qu'ils fussent
transportés aux colonies. L'arrêt s'occupait encore de
la résistance opposée par les ouvriers cherchant à
faire porter le droit de marché sur leurs fonctions ;
l'art. 14 était, en effet, ainsi conçu : « Les habitants et
fermiers pourront se servir de tels moissonneurs, batteurs en grange, bergers, domestiques ou telles autres
personnes nécessaires à leurs exploitations qu'ils vou-
dront choisir en tels lieux que ce soit, et demeureront
les dits nouveaux moissonneurs, bergers et autres
sous la sauvegarde des anciens auxquels ils seront as-
sociés et substitués. » L'article suivant prévoyait le
cas de voies de fait commises à l'égard des nouveaux
serviteurs et déclarait applicables les peines mentionnées
plus haut. Enfin ajoutons que l'arrêt se terminait par
l'attribution exclusive aux officiers du bailliage et siège
présidial d'Amiens de la connaissance des actes accom-

plis à l'occasion du droit de marché, le commissaire
·départi dans la généralité jugeant toujours en dernier
ressort.

Cet édit si sévère avait bien en vue les grands
crimes, l'incendie et l'assassinat, notamment; il laissait
toutefois de côté certaines infractions qui, pour être
moins sérieuses, n'en causaient pas moins de graves
dommages aux propriétaires (bris de charrue, vols de
grains et récoltes, coups et blessures portés aux animaux, mutilation des arbres etc.) On ne se fit pas
faute de recourir à ces voies de fait d'autant plus
facilement que la loi était muette et l'impunité presque
certaine. Tous les habitants semblaient d'accord et
unis par une étroite solidarité : ils refusaient énergiquement d'aider l'œuvre de la justice, se contentant
parfois d'une résistance passive, mais parfois aussi
ne craignant pas de désobéir ouvertement aux ordres
de l'autorité. C'est ainsi qu'en 1727, au village de
Follie, les habitants refusèrent de signer le procès-
verbal que les sergents venaient de dresser pour
l'exécution d'un jugement rendu contre quelques-uns
de leurs concitoyens à l'occasion du droit de marché
(aff. Cassin, Wagnier et autres, Louis Lemaire, citée
par M. Saudbreuil, p. 31). Au surplus, un arrêt de
1747 constate bien l'impossibilité de punir les auteurs
de ces infractions qui ne tombaient point sous le coup
de l'édit alors en vigueur du moment qu'il ne s'agissait
pas de dépossession. On remarque, d'ailleurs, selon
ce document, que parmi les coupables il n'y avait ni
bandits, ni gens sans aveu; l'unanimité, le concert et
l'intelligence rendaient les manœuvres impénétrables
et mettaient les seigneurs ainsi que les propriétaires
hors d'état d'obtenir une réparation des méfaits

commis à leur encontre. Des arrêts.rendus en 1732 et 1747 vinrent alors compléter les décisions précédemment prises. Ils portaient que sur le vu de procès-verbaux relatant des dommages, l'intendant pouvait, par une simple ordonnance, placer les propriétaires et fermiers ainsi que leurs biens sous la sauvegarde des habitants. Sans assignation préalable, et d'après une estimation faite par des experts, le même magistrat était en droit de prononcer une condamnation solidaire contre le *général* des habitants et vassaux avec contrainte par corps pour quatre des plus forts contribuables. Une disposition particulière décidait, en outre, que les habitants des paroisses qui se trouveraient dans les cas indiqués plus haut verraient doubler le chiffre de leur contribution ordinaire pour les corvées, fournitures de pionniers, levées de milices et autres charges extraordinaires dont la Picardie et l'Artois étaient tenus pour le service du roi et de ses armées.

Après l'exposé de toutes ces mesures, de toutes ces pénalités, et de toutes ces précautions prises par l'autorité, on pourrait croire à la supression du droit de marché. Il ne disparut point cependant; une déclaration royale signée à Compiègne le 20 juillet 1768 le fait bien voir en déclarant applicables aux généralités de Soissons et de Châlons les arrêts de 1679, 1707, 1714, 1724, 1732, 1747. Pour montrer, du reste, la tendance manifeste du droit de marché à s'étendre il nous suffira de dire que copie de la déclaration de 1768 fut envoyée aux sénéchaussées de Soissons, Laon, Coucy, Marle, Ribecourt, Noyon, Crépy-en-Valois, Laferté-Milon, Clermont, Château-Thierry, Ham, Chauny, Amiens, Boulogne, Péronne, Abbeville, Saint-Quentin,

Montreuil, Calais, Ardres, Montdidier, Roye, Châlons,
Troyes, Epernay, Sézanne, Reims, Langres, Chaumont,
Vitry-le-Français, Sainte-Menehould, Fismes, Bar-sur-
Aube et Saint-Didier.

A la guerre déclarée par l'autorité royale les fermiers répondirent par la guerre. Ils ne se bornèrent
pas à commettre des voies de fait (pillage des récoltes,
bris des instruments de culture, meurtre des animaux),
ils ne reculèrent ni devant l'incendie, ni devant l'assassinat. Les décisions rendues par le commissaire et
les officiers du présidial montrent, mieux que tout
document, les excès commis par les fermiers ou par leurs
affidés en même temps qu'elles permettent de juger
de l'implacable sévérité déployée par la justice (1).

(1) En 1727, le 17 novembre, un jugement condamne les habitants
du village de Follie à payer le double des redevances portées au
bail pour menaces et insultes à l'égard de personnes désireuses d'augmenter la redevance des terres de l'église (aff. Cassin, Wagnier et
autres). En 1728, le 28 août, un cultivateur, sa femme et ses enfants
sont condamnés à la transportation aux colonies pour continua-
tion de jouissance de 5 menandées de terre appartenant à un bourgeois de Cambrai, durant les années 1725 à 1727 (aff. A. Fourneaux
de Honnecourt). En 1729, le 20 mars, la même peine est prononcée
contre une femme coupable d'avoir troublé des fermiers en labou-
rant sans bail une partie des terres qu'ils avaient louées, en brisant
plusieurs charrues, en les molestant et en les menaçant (aff. Marie
de Beauval, fᵉ Delaval, de Morlancourt); 6 août, la même peine est
infligée à un laboureur ainsi qu'à sa femme et à ses enfants pour
blessures faites à deux chevaux appartenant à une personne qui,
peu auparavant, avait pris à ferme d'un prêtre un marché de 14 ou
15 journaux de terre (aff. E. Defruy, de Morcourt). A la même date,
on condamnait à 3 ans de galères 2 témoins qui, lors d'une confron-
tation, s'étaient rétractés dans leurs dépositions et avaient fausse-
ment accusé le nouveau tenancier de leur avoir demandé de déposer

Toutefois ces punitions frappaient principalement les petits délinquants et les auteurs de méfaits peu importants ; les grands criminels vivaient dans l'impunité par suite de la crainte qu'ils savaient inspirer et qui imposait le silence le plus complet, mais grâce surtout à l'étroite solidarité qui unissait tous les cultivateurs. Dans la correspondance d'un subdélégué (citée par M. Saudbreuil, p. 33), à la date de 1785, nous lisons que les violences continuaient et qu'elles restaient impunies, les témoins déclarant rarement la vérité sur des faits qu'ils connaissaient fort bien, soit par peur, soit par esprit de parti. C'est ainsi que du 1er juillet 1775 au mois de novembre 1776, dans le seul bailliage de Péronne, 25 délits, *plus criminels les uns que les autres,* furent commis et que l'on ne pût produire aucune preuve. Quelque temps après, un berger du Mesnil-Bruntel qui occupait depuis quelques jours la place d'un ancien berger congédié, passant dans les rues du village, fut tué d'un coup de fusil en présence de deux amis qui l'accompagnaient ;

contre la vérité. — En 1733, le 23 avril, une famille fut envoyée aux colonies pour avoir maltraité le fermier d'un bien qu'elle occupait précédemment et pour avoir cherché à en conserver la jouissance par force (aff. Lescoval, de Camois). — En 1734, le 17 août, une autre famille fut condamnée à subir la même peine pour avoir menacé le fermier qui lui avait succédé et pour avoir brisé et enlevé plusieurs pièces de charrue (aff. Prez, de Croixrault). — En 1736, le 5 septembre, une nouvelle famille fut condamnée à la transportation comme coupable de menaces envers le fermier son successeur et de bris de charrue (aff. Dallon, du Pont-Saint-Remy). — En 1757, le 23 juillet, des laboureurs ou valets de charrue au nombre de 13 furent condamnés au bannissement ou aux galères pour avoir scié 18 à 19 charrues et enlevé du fourrage dans la campagne.

ces derniers ne nommèrent point l'assassin. En 1783, le curé de Dompierre près Péronne ayant voulu exploiter une partie des terres de sa cure et ayant démonté les fermiers fut assassiné à la porte de son église; le nom du meurtrier était bien connu de tous et pourtant il ne fut révélé par personne (1). A Villers-Guislain, un fermier ayant démonté son voisin et se trouvant un dimanche à l'église fut tué d'un coup de fusil au milieu de la population qui laissa le coupable se retirer tranquille et inconnu. Bien mieux, dans l'instruction deux cents témoins affirmèrent n'avoir rien vu (2).

Une autre cause de succès pour le droit de marché (et dont il convient d'autant plus de parler ici qu'elle fournit l'explication de l'intervention directe de l'autorité royale), ce fut la quasi indifférence de la justice ordinaire de la province. Soit par crainte, soit par répugnance à appliquer les édits, elle semblait hésiter dans l'accomplissement de sa tâche. Un fait rapporté par M. Saudbreuil et après lui par ceux qui se sont occupés du droit de marché va le prouver. Il s'agit d'un procès soumis en 1787 au bailliage de Montdidier (3). L'abbé de Saint-Éloi de Noyon, seigneur de la paroisse de Vrely, possédait sur son territoire un domaine de 370 journaux de terres labourables affermés à 112 habitants. En 1770, voulant augmenter le fermage qui n'était que de 9 fr. par journal alors que les terres voisines rapportaient 20 fr., le titulaire de l'abbaye qui était alors l'abbé de Breteuil passa

(1) Saudbreuil, op. cit., p. 34.
(2) G***. op. cit., p. 27.
(3) Saudbreuil, p. 35 à 37.

bail avec un cultivateur de Vrely, Dangest, qui consentit à payer une somme de 33 fr. par journal. L'acte fut signé dans le courant d'avril; dans la nuit du 3 au 4 juin un incendie terrible éclata et mit en cendres les granges ainsi que les autres bâtiments du fermier; il n'y eut d'épargné que le corps de logis. Les habitants de la localité se gardèrent bien d'intervenir et tout en assistant froidement à l'incendie ils n'apportèrent aucun secours. Le fermier se tint pour averti et après la résiliation du bail l'abbé Breteuil rappela les anciens fermiers qui reprirent l'exploitation aux conditions primitives. En 1784, l'évêque d'Olboc, coadjuteur d'Orléans, devenu abbé de Saint-Éloi de Noyon, fit offrir ses terres aux habitants de Vrely moyennant 30 fr., sans pots de vin; après un refus, comme nul habitant des communes voisines n'acceptait ses propositions, il fit afficher à Vrely et dans les paroisses environnantes que ses terres étaient à affermer pour 1788. Il ne faisait ainsi que se conformer à l'art. 6 de la déclaration royale de 1764. En présence du silence général il soumit une requête au lieutenant général de Montdidier afin d'obtenir que quatre des plus imposés de Vrely fussent condamnés à cultiver son domaine et à payer le fermage fixé par experts. Par jugement du 27 juin 1787 il fut débouté de sa demande et condamné aux dépens, sous prétexte que les affiches n'avaient point été apposées dans le délai voulu, ce qui était une erreur manifeste puisqu'elles avaient été mises 2 ans avant la dernière récolte tandis que l'ordonnance n'imposait que 18 mois. Du reste, la sentence des juges de Montdidier est trop curieuse pour ne pas être rapportée : « N'ayant aucunement égard aux offres faites par les fermiers actuels de prendre les terres à nouveau bail, aux mêmes charges et redevances que celles portées par celui qui vient d'expirer et, faute par l'abbé de Saint-Éloi d'avoir fait apposer dans le temps voulu par la déclaration du roi de 1764 les affiches qu'elle prescrit, avons les fermiers et principaux habitants renvoyés quant à présent de la demande contre eux formée ; condamnons ledit abbé de Saint-Éloi aux dépens, sauf à lui à faire cultiver et exploiter ses terres par qui bon lui semblera et par qui il avisera bon être (1). » Cette décision est importante car elle montre bien que la justice ordinaire du pays, loin d'adopter les idées du gouvernement, protestait contre les mesures de repression et partageait les préjugés de la population au milieu de la quelle elle se trouvait.

A la veille de la Révolution française, le droit de marché, bravant les défenses de la royauté, continuait donc d'exister dans toute sa force. Tous les documents de l'époque le constatent. Dans la correspondance d'un subdélégué que nous avons déjà citée nous lisons ces mots : « Il n'est pas douteux que la propriété des terres dans les quatre bailliages de Péronne, Montdidier, Roye et Saint-Quentin est, pour ainsi dire, fictive. Les anciens fermiers se maintiennent dans l'exploitation des biens, malgré les maîtres et moyennant une redevance toujours fort modique, par l'exemple des châtiments affreux qu'ils font éprouver à ceux des

(1) Les baux ayant pris fin en 1788, l'abbé de Saint-Eloi fut obligé de cultiver lui-même ses terres. Nous lisons dans une requête au parlement de Paris qu'en présence des insultes et des menaces adressées par les habitants de Vrely à ses ouvriers, il dût renoncer à l'exploitation de ses terres et les laisser en friche.

autres cultivateurs qui osent les déplacer de leurs fermes. » Un autre mémoire de la même date dit encore que les propriétaires recevaient à peine la moitié des fermages que la terre devrait produire, et qu'il leur était également impossible d'obtenir de leurs anciens fermiers une augmentation proportionnée à la valeur de leurs terres et de les affermer à d'autres cultivateurs. Ce document ajoute : « Une ligue criminelle unit tous les fermiers. Tous ceux qui ont osé passer bail des terres que d'autres cultivaient ont été regardés comme des scélérats et des ennemis publics. On les a désignés sous l'odieux nom de *dépointeurs*. Ils ont été punis par le fer et par le feu. » Et pourtant loin de se laisser instruire par ces leçons, loin de reconnaître les minimes résultats obtenus on semblait persévérer dans la même voie et croire que la violence était seule capable de détruire cette pratique. Que fait, en effet, l'assemblée provinciale de 1787 ? Elle déclare que les arrêts rendus jusque-là sont insuffisants et que pour abolir le droit de marché il est absolument nécessaire d'édicter des mesures plus sévères et d'un caractère plus exceptionnel. Dans le beau livre consacré par M. de Lavergne aux assemblées provinciales (1) nous voyons qu'après avoir pris connaissance d'un mémoire dénonçant l'abus des dépointements, l'assemblée de la généralité d'Amiens décida que le roi serait supplié de prendre des mesures plus efficaces que celles édictées par la déclaration du 20 juillet 1764 et elle chargea son président d'insister à cet égard auprès du gouvernement.

(1) L. de Lavergne. *Les assemblées provinciales sous Louis XVI* 1864, p. 134.

Le droit de marché survécut à la Révolution française et tandis que des contrats reposant sur une origine certaine disparaissaient, le droit de marché persista, augmenté même du droit exclusif pour le fermier d'acheter les terres tenues à bail lorsqu'elles sont à vendre. Aujourd'hui il continue, comme par le passé, à grever les biens ruraux d'une partie de la Picardie, c'est-à-dire qu'il existe dans la plus grande portion des arrondissements de Montdidier et de Péronne, dans plusieurs cantons de celui de Saint-Quentin et même dans quelques localités du Pas-de-Calais et du Nord (1). Il s'y maintient avec force et semble défier ses adversaires, comme les faits l'ont bien montré.

CHAPITRE III.

CONDITION DES PROPRIÉTÉS SOUS L'EMPIRE DU DROIT DE MARCHÉ.

Actuellement dans les contrées où le droit de marché est en vigueur le propriétaire d'un fonds rural qui l'exploite en personne est parfaitement libre de toute entrave; tant qu'il reste dans cette situation de propriétaire-cultivateur il n'est en aucune façon sou-

(1) M. Hyver père, dans sa *statistique de l'arrond. de Péronne Mémoires de l'Acad. de la Somme* 1830-35. t. 1, p. 180) soutient que tous les cantons de l'arrondissement ne sont pas sous l'influence du Droit de Marché. Ainsi il n'a jamais été connu dans le canton d'Albert, sauf dans une ou deux communes; dans le canton de Bray, plusieurs villages s'en sont affranchis. Tout nous atteste que dans le canton de Comble il a perdu de sa force. A Moislain, le village le plus populeux du canton de Péronne, les Droits de Marché ne trouvent plus d'acquéreurs. Dans le canton de Roisel, beaucoup de propriétaires ont retiré leurs terres pour les faire valoir.

mis à la coutume; mais qu'il vienne à passer un bail, aussitôt son bien est grevé de cette servitude et les priviléges inhérents à sa qualité se trouvent diminués. En d'autres termes, le fermier qui le remplace prétend être lié à perpétuité, lui et les siens, au domaine affermé qu'il ne peut être contraint de quitter, si ce n'est de son plein gré. La jouissance ne devant pas avoir de terme et devant être illimitée, tant qu'il remplit les obligations qui lui incombent et qui consistent dans l'acquittement du fermage et du droit d'entrée nommé *intrade* (1), le preneur se considère, sinon comme maître, au moins comme co-propriétaire de l'immeuble affermé. Il ne peut être astreint à supporter de nouvelles conditions et être remplacé par un autre. Comme s'il s'agissait du droit de propriété, il se confère le pouvoir de transmettre son droit par donation, legs, testament, vente à l'amiable ou à la criée, contrat de mariage, etc. En pareil cas il faut le consentement du bailleur, lequel se fait alors payer le droit d'entrée comme prix d'investiture. Non-seulement le fermier s'arroge la latitude de rétrocéder à un autre son Droit de Marché moyennant une somme d'argent variant entre 800 et 1500 fr. par hectare, suivant la nature, la position, l'état de culture des terres, mais cette coutume attribue de plus à tout occupeur le droit exclusif dans sa commune d'acheter les terres qu'il tient à ferme lorsqu'elles sont à vendre; dans certaines localités même, les parents les plus proches revendiquent comme un privilége propre à leur qualité la possibilité d'acquérir les biens dits de famille ou biens

_____

(1) Cette expression se retrouve dans les coutumes du Nivernais et du Bourbonnais (art. 274, 442).

échus dans une succession à une personne désireuse de les aliéner. Remarquons, en outre, que si la part du propriétaire peut être achetée par le fermier ou par tout propriétaire étranger à la localité traitant sur le pied du fermage acquitté, elle ne peut appartenir au cultivateur de l'endroit. Cette exclusion provient de ce que l'on « suppose qu'ayant les moyens il pourrait avoir le désir d'exploiter lui-même, c'est-à-dire de déposséder le fermier et de confisquer son Droit de Marché (1). » Malgré notre loi civile, le droit d'aînesse est appliqué dans cette partie de la France; il y est même vu avec faveur. M. Saudbreuil l'a fait remarquer, ce n'est pas par orgueil de race ou de caste que l'on y recourt, c'est par amour propre de fermier. Celui des enfants, aîné ou non, mais devenant l'aîné par cela seul qu'il prend la ferme et continue l'exploitation, est toujours avantagé. S'il a des sœurs, leur part est frappée d'un Droit de Marché au profit de leur frère C'est à lui seul qu'elles peuvent la donner à bail ou la vendre; en général, ce sera à moitié prix. La conscience publique ne proteste point contre cette exploitation; on semble la trouver toute naturelle, du moment que le frère n'a fait qu'user de ce que l'on prend pour un droit. Il est à noter que cette coutume crée entre tous les cultivateurs une étroite solidarité. Chacun se considère comme lié et tenu à l'encontre des autres, de même qu'il sait pouvoir compter sur autrui. Non-seulement on ne voit jamais un occupeur renchérir ou accepter le marché des terres d'un autre sans son assentiment, mais les auteurs de méfaits commis à l'occasion du dépointement n'ont pas à craindre de dénonciations; un se-

(1) Vion, op. cit., p. 29.

cret inviolable leur est assuré. Bien mieux , d'après
un auteur du xvIIIe siècle (1), le fruit de ce *contrat* est
une assistance réciproque entre tous les membres qui
le respectent : ainsi, en cas de grêle, d'épizootie, d'incendie, autrefois toutes les charrues d'alentour , tous
les secours arrivaient pour aider les malheureux. Un
fait emprunté au même auteur suffira pour faire voir
combien les fermiers se considéraient comme engagés
les uns envers les autres. Un laboureur ayant tué celui qui l'avait dépouillé de son Droit de Marché et
et ayant été pendu pour ce fait, la communauté de son
village s'assembla et décida que le laboureur le plus
aisé épouserait sur le champ la veuve du condamné,
se chargeant de lui faire un présent de nous. Notre
auteur ajoute *et la chose fut exécutée.*

A côté de cette assistance, il faut placer les châtiments qui atteignent les personnes coupables d'avoir
enfreint la coutume. Même aujourd'hui des voies de
fait sont exercées ; autrefois une sorte d'interdit était
prononcée. Il paraît, en effet, que la moindre peine
était le déshonneur et une tache ineffaçable qui , en
s'étendant sur toute la famille , allait jusqu'à priver
toutes les filles d'une maison d'un parti quelconque
pour le mariage (2). La raison de cette union, c'est, sans
aucun doute, le désir de résister aux propriétaires. Les
occupeurs ont compris que l'isolement ne pouvait que
leur être nuisible, et ils ont dû d'autant plus resser-

---

(1) *Supplément à l'essai sur l'histoire de Picardie, les mœurs, les
usages, le commerce et l'esprit de ses habitants* (par Dévérité),
Londres et Abbeville, 1774, in 12, p. 179. — (2) *Ibid.*, p. 178.
V. les *Ephémérides du citoyen*, 1769, t. V, p. 121.

rer les liens qu'ils ont cru leurs droits menacés et leur fortune en péril.

Il ne faut pas croire, comme on peut être tenté de le faire, que le Droit de Marché ne grève que les immeubles ruraux. Il s'est encore étendu accessoirement à tout ce qui fait l'objet d'une location : les places d'église, de marché, objets mobiliers, jadis les emplois de ferme tels que ceux de valets de charrue, bergers, batteurs, ouvriers de moisson, etc. Les prétentions de ces derniers; regardant leur emploi comme une fonction héréditaire, étaient, sans nul doute, aux temps passés, considérées comme un fait assez grave puisqu'il en était question dans l'intitulé de l'ordonnance de 1724 : *Arrêt du Conseil d'État du Roi par lequel S. M... détermine les peines contre... les moissonneurs, batteurs en grange, bergers et autres gens nécessaires à l'exploitation des terres.* On a pu dire, avec raison, que c'était une juste punition pour les fermiers qui après avoir voulu imposer aux propriétaires un fermage héréditaire, se trouvèrent, de leur côté, en face de leurs ouvriers cherchant, eux aussi à s'imposer héréditairement et ne reculant pas devant la violence pour arriver à l'accomplissement de leurs desseins. Il paraît cependant qu'aujourd'hui il n'est plus question de ce privilége réclamé par les ouvriers.

De nos jours, l'on ne peut échapper au Droit de Marché, car le propriétaire qui afferme ses terres, alors même qu'il fait constater par le bail que son bien est affranchi de cette servitude, n'en doit pas moins la supporter. Le préjugé (sanctionné jusqu'à un certain point par la justice, puisque les tribunaux ont homologué des actes le concernant, et puisque les Cours d'appel d'Amiens et de Douai, en prononçant sur des difficultés relatives au Droit de Marché, ont semblé le reconnaître et lui donner une existence légale), le pré-jugé, disons-nous, est tellement puissant qu'il s'impose au bailleur. Le droit de ce dernier sur le fonds est converti en un droit à une rente ou à un fermage, accru, il est vrai, de redevances dues dans certaines circonstances. Pendant longtemps, la somme ne pouvait être élevée et restait invariable; seulement il paraît qu'il n'en est plus de même aujourd'hui, car, lorsqu'il a pu arriver à son but, c'est-à-dire conserver intacte la valeur de son Droit de Marché, l'occupeur consent parfaitement à une augmentation de loyer conforme à la marche du progrès. C'est ainsi que depuis cinquante ans, suivant un écrivain Picard, les fermages ont plus que doublé dans le pays (1). Quant au droit d'entrée ou intrade (équivalant à une année de fermage), il s'acquitte au moment même où le fermier dispose de son Droit de Marché. En réalité, c'est le prix du consentement donné par le bailleur. Ce qui est à remarquer c'est que le preneur, qui entend transférer à un autre sa jouissance, n'a pas besoin de l'assentiment du propriétaire pour toucher le prix. Ce dernier n'est même pas consulté à cet égard : il ne l'est que quand il s'agit de faire agréer la substitution prohibée d'ordinaire. C'est alors que le nouveau fermier est conduit au propriétaire, lequel ratifie le premier contrat auquel il n'a point eu à prendre part, et se fait payer l'intrade. Le taux varie tant selon les localités que selon la qualité de l'acquéreur : il est fort élevé si ce dernier est étranger à l'autre contractant, mais il est moindre s'il s'agit d'un parent; il est même nul si c'est un enfant qui remplace son père.

(1) G***, op. cit., p. 36.

Nous avons dit plus haut que du moment qu'un fermier est entré en jouissance et qu'il accomplit les conditions imposées , il se considère comme ayant un droit analogue à celui du bailleur. Toutefois, il est à noter que moyennant une somme variant entre le huitième, le quart et même la moitié de la valeur du droit, le propriétaire peut rentrer dans la plénitude de ses droits en achetant, de la sorte, la renonciation de l'occupeur. Il se livre à ce que l'on nomme le dépointement (1); mais il est , en ce cas, exposé à toutes les violences des fermiers voyant dans ce fait moins une mauvaise action qu'une atteinte portée à ce qu'ils prennent pour des droits. Aujourd'hui, si des crimes proprement dits ne se commettent presque plus, et si les violences sont plus rares , on ne peut pas dire que ces dernières aient complètement cessé. Parfois même elles ont revêtu un certain caractère de gravité. On s'en aperçut bien il y a une trentaine d'années. A cette date , en effet, l'administration des hospices de Péronne, n'ayant pu obtenir des fermiers de Bouvincourt une augmentation de loyer et ayant voulu exécuter un jugement qui l'autorisait à enlever les récoltes moyennant le remboursement des labours et semences, le village tout entier se leva et prit les armes; il fallut envoyer une brigade de gendarmerie et une compagnie de la garnison pour réduire les mutins qui avaient mis en ligne un canon pris sur les Espagnols

(1) Dans notre *Hist. des contrats de local. perpet.* p. 256, d'après M. Saudbreuil, nous avions fait venir ce mot de l'anglais. Pourtant il est complètement picard. Corblet, dans son *Glossaire du patois picard*, p. 366, écrit : « *Dépointer*, se dit d'un fermier qui, par une enchère, obtient une terre affermée jusqu'alors à un autre. Il existe dans le Santerre une espèce de contrat tacite qui interdit aux

en 1636, et monté sur des roues de cabriolet (1). Sans
aller aussi loin, on peut dire que même, de nos jours,
les mutilations, les dévastations, les dégâts, les voies
de fait et les menaces ont lieu fréquemment. Lorsqu'il s'agit de punir un dépointeur, on ne recule pas
devant l'incendie : le feu est resté, pour ainsi dire,
l'arme favorite de la vengeance. Nous pourrions mentionner plusieurs faits à ce propos , nous n'en citerons
qu'un seul. En 1860, un propriétaire des environs de
Péronne reprit son domaine et fit bâtir une ferme dans
l'intention d'exploiter lui-même; pendant cinq années,
aussitôt après la moisson , les granges et les récoltes
furent livrées aux flammes. Les circonstances étaient
telles que l'on ne saurait voir là autre chose
qu'une vengeance. Et ce qui le prouve bien c'est que
les paysans se rassemblaient pour voir brûler les bâtiments dès que l'incendie éclatait, et refusaient de
prêter secours au propriétaire à ses gens ; deux pau-
vres femmes coupables d'avoir porté quelques sceaux
d'eau avec les domestiques de la ferme durent quitter

fermiers d'enchérir ou d'accepter le marché de terres d'un autre sans
son consentement exprès. Les rares infracteurs de cet usage sont
appelés dépointeurs. » M. E. Cazin, à qui nous devons de nombreux
renseignements pour notre étude, nous a fait savoir qu'en Picardie
ce mot de dépointer est d'un usage général parmi les joueurs dans
le sens de se mettre à la place ou en avant. Les écoliers s'en servent
pour indiquer l'intention où ils sont de dépasser un camarade. Ce qui
est à noter c'est qu'à Noyon les gens du pays emploient cette locution
dans le même sens.

(1) Ce canon, longtemps placé dans un corridor du Palais-de-Jus-
tice de Péronne, fut enlevé par les Prussiens en 1871 ; ces derniers
laissèrent pourtant le train que l'on voit encore au même endroit avec
ses quatre roues.

le pays, en présence de l'attitude des cultivateurs (1). Des assassinats sont encore commis, et un auteur picard nous apprend qu'un maire, qui avait cru pouvoir prendre à ferme des terres que le propriétaire du château avait reprises de ses fermiers et cultivées lui-même pendant dix ans, fut, au bout d'une année, retiré sans vie de son puits (2). D'autre part, comme par le passé, il est très-difficile de poursuivre la répression de pareils méfaits; la justice, la plupart du temps, est désarmée et les affaires se terminent fréquemment par des ordonnances de non lieu. En peut-il être autrement quand on songe que les préjugés contre le dépointeur sont aussi vivaces et que la solidarité entre les habitants est aussi forte que jadis? Nul habitant n'ose et ne veut éclairer les magistrats. L'on est même tout disposé à faire un mauvais parti tant au dénonciateur (il ne s'en trouve guère), qu'à celui qui semble ne pas partager les sentiments de la généralité des habitants.

CHAPITRE IV

DES TENTATIVES FAITES POUR LA SUPPRESSION DU DROIT DE MARCHÉ.

Les inconvénients du droit de marché sont très-sérieux; on s'en aperçoit aisément. Non-seulement il fait prédominer le fait sur le droit, il perpétue des abus et donne lieu à des excès, non-seulement il est en opposition manifeste avec notre législation, en frappant la propriété d'une servitude contraire à l'esprit de nos

(1) Louandre. *La France du Nord* (*Revue des Deux Mondes*, 15 août 1873, p. 830).

(2) G***, op. cit., p. 41.

lois et notamment à celui de la législation révolution-
naire qui a affranchi le sol, mais il empêche de plus le
libre exercice du droit de propriété, et il impose encore un état d'indivision très-dommageable. On peut
lui reprocher d'arrêter l'essor de la culture, d'attacher
réellement le propriétaire à la glèbe, puisque ce dernier ne peut, sans un préjudice notable, cesser de cultiver son bien pour l'affermer. Quelques personnes
font, en outre, observer que cette pratique porte
obstacle à l'élévation des fermages ; c'est ainsi que l'on
peut voir une terre dont la valeur augmente donner lieu
à un loyer minime, uniforme et identique à celui des
temps antérieurs.

Un magistrat du département de la Somme, cité par
Troplong, a parlé de terres détenues depuis un
temps immémorial par des fermiers à un taux s'éle-
vant au quart ou au cinquième de leur valeur locative.
Contre le Droit de Marché, il est possible de faire remarquer, d'une part, qu'il retient dans des prix très-
bas des terres d'une admirable fertilité, d'autre part,
qu'il repousse les capitaux des acquéreurs étrangers,
et, enfin, qu'en donnant aux terres grevées de ce droit
un prix moins élevé, il empêche la propriété de circu-
ler facilement. On se soucie peu, en effet, d'acheter
une terre soumise à une telle servitude ; la concur-
rence manquant, les prix ne sont point en rapport
avec la valeur réelle des biens. Comme les étrangers
sont peu désireux de courir des dangers et d'être exposés à des voies de fait, ils recherchent peu les domaines sur lesquels existe le Droit de Marché ; il en
résulte que ces derniers sont presque toujours possé-
dés par les gens du pays. Enfin il n'est pas jusqu'au
fisc qui n'ait à souffrir de cette coutume, puisqu'il ne

perçoit le droit de mutation que sur le pied des terres grevées de cette servitude.

En présence de ces inconvénients (tellement réels qu'ils sont reconnus par beaucoup de ses défenseurs), on a nécessairement dû chercher à y remédier. Comme on en voit l'origine dans le Droit de Marché, c'est naturellement lui que l'on a voulu supprimer. Or, cette pratique est si vivace qu'elle a résisté à tous les efforts, et qu'aucune mesure, même lorsqu'elle s'appuyait sur la force, n'a pu en venir à bout. Bien mieux, le résultat obtenu semble avoir été contraire toutes les fois que l'on a eu recours à la violence.

On s'est préoccupé de sa suppression beaucoup plus qu'on ne pourrait le croire de prime abord. Ainsi, sans vouloir parler des décisions royales, lesquelles, comme nous l'avons vu plus haut, n'ont réussi à amener aucun changement, nous dirons que, dès 1785, le subdélégué de Péronne recevait, d'une personne nommée Lecoureur de Saint-Etienne, un mémoire tendant à l'extinction de cet usage. Après avoir retracé les excès engendrés par le Droit de Marché, l'auteur, s'occupant du moyen de mettre un terme aux luttes qu'il venait de signaler, proposait la constitution d'une société de trois personnes recevant, avec la mission d'évaluer le revenu des terres, celle de cultiver les domaines dont les fermiers auraient refusé d'acquitter le loyer déterminé par l'association. L'appui du gouvernement était, en revanche, sollicité avec insistance; non-seulement, en effet, on réclamait de lui l'autorisation de la société, mais on réclamait encore, outre la somme de 25,000 francs par an, destinée à indemniser des frais de voyage et d'exploitation, des avantages particuliers et même considérables. C'est ainsi que, d'après

Lecoureur de Saint-Étienne, il fallait faire escorter, en cas de besoin, les experts de deux cavaliers de la maréchaussée, mettre leurs personnes et leurs biens sous la sauvegarde des communes et des anciens fermiers, comme aussi il importait de leur attribuer le droit de requérir les granges et logements vacants dans les lieux de l'exploitation ou dans les lieux voisins, moyennant un loyer fixé par l'intendant. On demandait à l'autorité de les exempter de la corvée et de leur donner l'assurance que durant le cours de l'exploitation, la cote de la taille ne serait point augmentée. Bien que Lecoureur de Saint-Étienne promît la disparition du Droit de Marché au bout de dix ans, croyant à l'intimidation des fermiers qui, à la vue d'un établissement autorisé par le gouvernement, devaient se prêter à la réforme et augmenter la redevance due aux propriétaires en raison de la valeur des terres, ce plan ne fut point accueilli. Une lettre du subdélégué à l'intendance expose d'une façon complète les raisons qui firent rejeter cette proposition. Le principal motif invoqué était la difficulté d'exécution. Les membres de la société, experts et devant cultiver les terres en cas de refus, rendraient par cela même leurs estimations suspectes, disait ce fonctionnaire. Les corps de fermes étant peu nombreux et les exploitations divisées à tel point qu'un fermier de cinquante arpents avait souvent dix fermiers et parfois même davantage, trois personnes, continuait-il, ne pourraient qu'avec infiniment de peine recevoir les plaintes de ceux qui avaient des réclamations à présenter quant à la modicité des redevances, aller visiter les terres de toutes les personnes désireuses de faire des observations de ce chef, apprécier enfin le produit et faire passer les hommes, chevaux et objets nécessaires à l'exploitation dans les paroisses où les fermiers refuseraient de verser la redevance imposée. Quelques personnes ne pouvaient évidemment pas suffire à un pareil labour. L'on pouvait craindre qu'il n'y eût point assez de bâtiments pour abriter les hommes, les chevaux et les grains dans chacune des paroisses où devait avoir lieu l'exploitation; il est manifeste, ajoutait-on aussi, que l'on ne pourrait pas entretenir assez de bétail pour fumer un si grand nombre de terres pendant plusieurs années. Enfin, la maréchaussée elle-même ne pouvant contenir les mutins et empêcher les voies de fait, il était déraisonnable de croire que trois personnes réunies en société parviendraient à déraciner une coutume aussi vieille et vue avec tant de faveur par les populations rurales (1).

Ajoutons, d'après un mémoire rédigé par un sieur Collief, de Saint-Quentin, en réponse au travail de Lecoureur de Saint-Étienne, d'un côté, que les fermiers ne devaient pas accepter l'expertise dressée par des individus considérés au moins comme des ignorants, et, d'un autre côté, qu'en autorisant la société à s'emparer des granges comme en l'exonérant de la corvée laquelle retombait, dès lors, sur les autres cultivateurs, on se serait rendu coupable d'une atteinte à la propriété et d'une injustice (2). Il ne faut donc point s'étonner si l'administration, séduite par toutes ces raisons qui, en réalité, étaient bonnes et satisfaisantes, refusa d'accueillir la proposition qu'on venait de lui

(1) Ces documents que nous rapportons sont donnés par M. Saudbreuil, p. 39, 40.

(2) Cette pièce, conservée dans les archives, est analysée par M. Saudbreuil, p. 41.

faire, malgré tout son désir de voir disparaître le
Droit de Marché.

A une époque plus rapprochée, en 1810, la question
fut reprise. Un projet de code rural était à l'élabora
tion; des commissions administratives avaient été
invitées à formuler leur opinion et à donner leur avis
sur les dispositions à voter. Deux de ces commissions,
celles de Douai et de Liége, se préoccupèrent du Droit
de Marché et demandèrent la suppression de ce que
l'on nommait un « odieux et révoltant abus. » Après
avoir retracé les inconvénients du Droit de Marché ,
ainsi que les voies de fait auxquelles il donne naissance, et après avoir dit que la cour criminelle du
Nord était, au moment même, saisie de dix procès
pour incendies ou sommations incendiaires , évidemment occasionnées par des renouvellements de baux ;
le comité de Douai sollicitait « contre une coalition
si unanime, si puissante, si inaccessible à toute
poursuite ordinaire de la justice et si radicalement
destructive des droits de propriété, des mesures vi-
goureuses , locales et temporaires dont l'exécution
pouvait être assurée par l'administration seule comme
chargée de la haute police. Voici les articles addition-
nels que proposait cette commission : « Pendant vingt
ans dans les communes du département de..., où les
droits des propriétaires seront rendus nuls par la
coalition des fermiers, le préfet est autorisé à prendre
les mesures suivantes :

1° Dans le cas où nul fermier ne se présenterait
pour prendre , par une adjudication publique , le bail
des terres qui y seront exposées, la commune sera
contrainte à en payer la location au propriétaire, au
double de son dernier bail, au moyen d'une répartition

au marc le franc sur la contribution personnelle de tous les fermiers et occupeurs de la commune. L'exécution de cette disposition sera précédée de l'examen du prix fixé par le propriétaire, comme première mise à prix de l'adjudication de la propriété qui ne devra excéder la valeur locative des terres de même nature des communes les plus voisines où n'aurait pas lieu l'abus qu'on se propose de détruire ;

2° Dans le cas ou les meules de blé, foin, fourrage, et les bâtiments des nouveaux fermiers deviendraient la proie des flammes, le dommage sera payé, à dire d'experts nommés par le préfet, et les bâtiments rétablis au moyens d'une imposition sur la commune, répartie suivant le mode précédent; et lesdits bâtiments ne pourront être rétablis qu'en pierres ou briques et recouverts qu'en tuiles ou ardoises ;

La susdite imposition, quant à sa répartition, portera, pour un quart de sa quotité, sur l'ancien et dernier fermier des biens incendiés: les trois autres quarts devront être répartis, comme il est dit ci-dessus ;

3° Dans le cas où la perception éprouverait des obstacles dans la commune taxée, le préfet est autorisé à y mettre telle garnison qu'il jugera convenable, aux frais des fermiers et occupants, jusqu'à son entier recouvrement ;

4° Dans le cas ou un nouvel occupeur, soit étranger à la commune, soit ancien habitant d'icelle, ou un individu quelconque de sa famille ou de ses domestiques à gages, servant à son exploitation, viendrait à être assassiné sans que la justice pût découvrir et punir les auteurs de l'assassinat, le préfet sera autorisé à imposer, comme il est dit aux articles précédents, une somme de 10,000 francs qui sera donnée en indemnité

au chef de la famille qui aura perdu un de ses membres ; et si c'est un domestique, cette indemnité sera
comptée, savoir : les deux tiers au chef de la famille
du mort, et un tiers au propriétaire qui le tenait à ses
gages. »

En un mot, on s'inspirait du passé qui, pourtant,
offrait une leçon salutaire , et on demandait purement
et simplement le rétablissement de la responsabilité
générale. Il est vrai de dire que ces mesures ne furent
jamais discutées et que les dispositions qui précèdent
ont simplement un intérêt historique. C'est à ce titre
uniquement que nous avons cru devoir les mentionner ici.

M. Hyver (1) rapporte que, dans le dessein de frapper le droit de marché, l'administration a proposé na-
guère d'augmenter le revenu des terres grevées de
cette servitude d'une somme égale au revenu qui aurait été produit si les terres avaient été libres. De
cette manière, on aurait mis à la charge du propriétaire une augmentation d'impôt pour un revenu dont il
ne jouit pas et dont le gouvernement lui-même ne
peut le faire jouir. M. Hyver a ajouté qu'au premier
pas l'administration fut arrêtée par l'impossibilité de
frapper d'impôt une propriété qui n'a pas une existence légale, un droit qui est en opposition avec la loi.
Du moment, en effet, que l'on ne peut atteindre que
le droit fixe, appréciable et certain, si l'on impose le
droit de marché on commence par le reconnaître et
le consacrer, par confirmer l'usurpation du fermier,
l'expropriation partielle du propriétaire. Il faut bien
considérer, de plus, que cette mesure destinée à exci-
ter les propriétaires à la résistance était mauvaise et

(1) Op. cit., p. 179.

incapable de donner lieu à un résultat puisqu'elle laissait les choses dans leur ancien état; elle portait
d'ailleurs obstacle aux transactions et augmentait les
charges de la propriété.

CHAPITRE V

DE L'ÉTAT DU DROIT DE MARCHÉ.

Lorsque l'on a constaté combien étaient peu sérieux
les moyens mis en avant pour amener une suppression
du Droit de Marché, il est une question qui se pose
naturellement; c'est celle de savoir si cette coutume,
qui a résisté à tant de persécutions, a une tendance à
disparaître spontanément, si, en un mot, elle s'éteint
d'elle-même. Sur ce point, M. Saudbreuil soutient
l'affirmative. D'après lui, le droit de marché recule
manifestement; rentré depuis longtemps déjà dans son
premier berceau, dit-il, il voit ses frontières se rétrécir
chaque jour sous l'influence de trois causes: le rachat
par le propriétaire, l'établissement des cultures industrielles, betteraves, lin, plantes oléagineuses, enfin
l'acquisition des terres par les fermiers.

Jadis les fermiers n'auraient jamais consenti au rachat
par les propriétaires, et ces derniers, de leur côté,
n'auraient point voulu acquérir l'extinction d'une servitude illégale; mais aujourd'hui, paraît-il, il en est autrement. S'il se trouve des cultivateurs qui repous-
sent les offres des bailleurs, on doit cependant constater qu'ils sont en petit nombre et que presque tous
sont favorables à cette opération qui, en réalité, consacre leurs droits. Pour eux, d'ailleurs, le propriétaire,
en payant une somme, ne fait qu'accomplir un acte de
probité, puisque, d'une part, il a payé moins cher le

domaine grevé de cette servitude, et que, d'autre part, le droit de marché a pu devenir pour les fermiers l'objet de stipulations que l'équité prescrit de respecter. Ce mode d'extinction du Droit de Marché a été recommandé même par les adversaires de cet usage comme une excellente solution aux propriétaires désireux de concilier les délicatesses de leur conscience avec l'émancipation de leur patrimoine. Au dire de ces personnes que nous citons d'autant plus volontiers qu'elles se sont nettement et énergiquement prononcées contre le Droit de Marché, rien ne serait plus facile que d'arriver à ce résultat en faisant des conditions équitables et en prenant pour point de départ soit une expertise faite par un tiers, soit les données fournies par les plus récentes transactions.

Une autre cause de la diminution du droit, d'après M. Saudbreuil, c'est l'extension des cultures industrielles nécessitées par la fabrication du sucre indigène et par la distillerie, ainsi que la culture des plantes textiles et oléagineuses. Non seulement, en effet, les sociétés fondées pour créer et alimenter les usines ont pu agir avec plus d'indépendance et de vigueur que les particuliers, mais ces nouveaux travaux, en faisant rompre avec l'ancien assolement triennal, ont préparé les esprits à se déshabituer de la routine. Ayant une occupation plus lucrative et plus suivie, la classe ouvrière en serait arrivée, paraît-il, à posséder, avec le désir de participer aux avantages de ce nouveau mode d'exploitation, un sentiment plus égoïste et plus indépendant des intérêts des exploitants. De là de nombreux dépointements. Sans contredit, ces derniers actes ont excité bien des murmures, car une population ne rompt pas immédiatement avec les idées qu'elle

4

partage depuis si longtemps ; néanmoins, la puissance
et le crédit des compagnies ont permis de tout braver.

Toutefois, ce qui a le plus fait pour la diminution
progressive du Droit de Marché, c'est le rachat par les
fermiers. Cette extinction par confusion est un événement fréquent. Il y a plus de trente années, un magistrat éclairé, cité par Troplong, signalait ce changement
dans la position sociale des habitants du Santerre
comme décisif. Autrefois, disait-il, le Santerre était
possédé par des propriétaires qui demeuraient hors
du territoire et dans les villes voisines : ceux qui cultivaient la terre n'en étaient que les fermiers. Aujourd'hui une grande partie de ces fermiers sont devenus propriétaires, leur nombre tend à s'accroître
chaque jour... (1). Depuis le temps où ces lignes ont
été écrites, le mouvement ne s'est pas ralenti et toutes
les personnes qui connaissent cette partie de la France
constatent que presque partout le fermier tend à se
substituer au bailleur, par le rachat. Sans contredit,
cette situation provient, en partie, d'une cause purement économique se produisant partout ailleurs,
c'est-à-dire du mouvement qui tend à amener progressivement le sol dans les mains de ceux qui, le culti-
vant eux-mêmes, sont capables d'en retirer un bénéfice
plus grand, mais ce n'est pas assez dire. La condition
que le Droit de Marché fait aux propriétaires est telle
que beaucoup, fatigués des luttes qu'il faut soutenir,
gênés par cette servitude qui diminue la valeur de
leurs biens, irrités contre ce partage du droit de propriété, se considérant comme exposés, sinon à des
voies de fait, au moins à des désagréments, finissent

(1) Cf., Troplong. *Louage*, préface, p. LXXXV.

par vouloir vendre leurs terres. Les preneurs ne manquent jamais; car les fermiers qui savent parfaitement ce qu'il en est, sont toujours disposés à acquérir, consentant parfois à vendre une moitié du bien pour payer l'autre.

CHAPITRE VI

DES RÉSULTATS DU DROIT DE MARCHÉ ET DE SA DISPARITION.

Nous venons d'exposer les causes principales (1) du changement que l'on a pu constater dans la situation actuelle (2). Les adversaires du droit de marché peuvent certainement compter sur elles, nous le concevons; nous comprenons surtout qu'ils fassent appel à la persuasion, au progrès des lumières et au temps pour faire disparaître cet usage si mauvais, d'après eux; rien de mieux. Nous admettons parfaitement que l'on réclame des pénalités sévères pour les auteurs des attentats et des voies de fait; l'on ne saurait même élever de discussion sur ce point, nul ne pouvant porter atteinte à la personne, aux droits et aux biens d'autrui. Peut-être même pourrait-on, comme l'a sou-

(1) Nous négligeons celles qui ne sont que secondaires. Disons toutefois que beaucoup de fermiers ayant acquis des parcelles de biens, lors des événements de 1789 et des ventes de domaines nationaux qui mirent dans la circulation un grand nombre de propriétés, conservent aujourd'hui ces terres avec exemption du Droit de Marché. On pourrait presque les nommer *terres libres*.

(2) Un partisan déclaré du Droit de Marché, M. G*** (op. cit. p. 42), constate que ce dernier se trouve dans une phase qui présage sa fin dans un temps plus ou moins éloigné. Selon lui, s'il montre, en effet, toujours la même vigueur dans les communes où existent de grands domaines, il tend à s'éteindre dans celles où la propriété,

tenu M. Daussy (1), empêcher la coutume de prendre
un caractère légal en interdisant, par exemple, aux
notaires de recevoir des actes contenant transmission
de ce prétendu droit, et aux receveurs de l'enregistrement d'accepter des contrats et des actes mentionnant
la donation ou la vente du Droit de Marché. De pa-
reilles mesures se comprennent, bien que l'on puisse
avoir des doutes sur leur efficacité à l'égard d'une
pratique qui a survécu à tant de changements, qui a
soutenu la lutte et affronté la colère du grand roi.
Ajoutons, d'une part, qu'il serait toujours facile de dé-
signer le droit de marché par une dénomination servant à la cacher, et d'autre part, que l'enregistrement
n'a pas le droit de s'attacher à autre chose qu'à la
forme extérieure des actes. Mais que ceux qui désirent
voir abolir cette coutume ne songent pas à aller plus
loin et à recourir, par exemple, à l'emploi des moyens
de contrainte et de coercition, à l'imitation de ce qui
s'est passé sous l'ancien régime. La violence appelant
toujours la violence, on pourrait craindre des voies de
fait en réponse aux sévérités législatives ou administratives.

C'est qu'en effet, il ne faut pas se le dissimuler, le

divisée et souvent à vendre, rentre dans les mains des fermiers. « Déjà
le Droit de Marché, dit M. Daussy (*Mémoires de l'Acad. d'Amiens*,
t. X, p. 455), a disparu dans quelques communes; dans d'autres, la
valeur vénale du Droit de Marché, qui s'élève encore dans certains
cantons aux 3/4 de la valeur des terres libres, tend visiblement à
décroître. Dans le canton de Roisel on vendait, il y a 10 ans, 1000,
1500 et 1800 fr. l'hectare de terre à marché; aujourd'hui le prix
moyen n'est plus que de 800 à 900 fr. A Montdidier, le taux varie
de 200 à 500 fr. »

(1) Loc. citat., p. 456.

Droit de Marché persiste comme par le passé : s'il a disparu dans certaines localités, ailleurs et dans la plus grande partie du Santerre il est toujours florissant et vivace. Les mesures auxquelles l'on a eu recours jusqu'ici n'ont pas amené un changement aussi radical que celui que l'on espérait. Ainsi l'enquête administrative sur les usages locaux dans la Somme a signalé la persistance du Droit de Marché dans les cantons de Montdidier, Roye, Nesle, Péronne, Chaulnes et Roisel. Un magistrat de la Cour d'Amiens, dans une étude qui nous a beaucoup servi, bien qu'adversaire déclaré de cette pratique, n'a-t-il pas constaté, de son côté, qu'elle se perpétue par suite d'un grand nombre de causes, qu'elle est trop vivace, affecte trop d'intérêts et a trop profondément pénétré dans les habitudes et dans les mœurs pour céder ainsi au premier effort ? Qui croirait, d'ailleurs, que ses plus chauds défenseurs sont ceux qui auraient le plus d'intérêts à le voir disparaître (1) ? Les partisans du Droit de Marché, du reste, ne craignent point d'invoquer le bien qu'il a produit et soutiennent que ses résultats ne sont pas si mauvais, puisqu'il n'a pas encore disparu. A les entendre, il serait même très-avantageux.

Dans le Santerre, en effet, disent-ils, la terre est parfaitement cultivée, ce qui prouve bien que cette coutume n'est [pas nuisible au point de vue agricole. Le propriétaire qui bénéficie d'un domaine travaillé avec soin ne court aucun risque, du moment qu'il est assuré que le fermier insolvable remettra, de son plein gré, l'exploitation du domaine à un cessionnaire chargé de payer, outre le fermage, un droit d'entrée fixé à 25 fr. par septier de terre à toutes soles. Les inté-

(1) Saudbreuil, p. 54.

rêts du bailleur, continuent ces personnes, ne sont pas
en souffrance puisque le fermier qui cède la jouissance
à un ou à plusieurs preneurs ou bien qui la partage
entre ses enfants est tenu envers le propriétaire con-
jointement avec les cessionnaires, sauf convention contraire. Il est même d'usage que tous les cessionnaires
soient regardés comme solidairement engagés entre
eux jusqu'à la fin du bail. Cette solidarité de fait cesse
seulement lorsque le bailleur donne quittance à l'un
d'eux et en son nom. Ce dernier est alors considéré
comme agréé. Quelquefois cette solidarité est stipulée;
c'est ce qui se passe ordinairement lors du renouvellement d'un bail. Il arrive aussi que l'un des preneurs,
spécialement désigné, est chargé d'apporter la totalité
de la redevance au bailleur; c'est là un mandat propre
au Droit de Marché (1). Aux adversaires de cette pratique on objecte encore que le propriétaire n'est guère
fondé à se plaindre, puisqu'il n'a pas payé la terre à
sa valeur, mais bien à prix inférieur; connaissant la
servitude qui frappait l'immeuble, et ayant dû évidemment verser une somme moindre, il ne peut, en bonne
conscience, invoquer la diminution de la valeur du domaine. Quant au fermage, il paraît qu'il n'est pas aussi
uniforme qu'on se plaît à le rapporter, car, ainsi que
nous le disions plus haut, le tenancier désireux de
conserver intact son droit de marché consent facilement à subir une augmentation de loyer lors du renouvellement du bail; aussi depuis un demi-siècle les
fermages ont ils plus que doublé dans les localités où
cette pratique est en vigueur. Au surplus, il faut bien
remarquer que les prétentions, fort légitimes, du reste,

(1) Saudbreuil, p. 69, 70.

des propriétaires peuvent s'appuyer sur l'exemple des
terres libres dont la valeur, comme le taux de leur
loyer, est d'un tiers plus élevé. En présence de cette
augmentation, le fermier peut difficilement résister et
tôt ou tard il accorde au bailleur ce que ce dernier réclame. Enfin le propriétaire que gêne la situation
créée par le Droit de Marché peut toujours se défaire
à bon compte de son domaine en achetant, au préalable,
la renonciation du fermier. Cet assentiment, essentiel pour rendre l'aliénation possible et avantageuse,
est mis à un prix élevé ; il monte quelquefois jusqu'au
tiers ou à la moitié de la valeur de l'immeuble ; néanmoins c'est une manière pour le bailleur de faire de
son tenancier un auxiliaire puissant pour la vente.

Nul n'ignore, dit-on encore parmi les partisans du
Droit de Marché, les graves inconvénients du bail de
courte durée ; or, l'usage en vigueur dans le Santerre
les fait disparaître presque complètement. D'habitude,
dès qu'un bail approche de sa fin, alors qu'il n'est
point sûr de rester en possession du domaine, le fermier cesse d'exploiter complètement, dessole les terres,
dégrade les bâtiments, coupe les bois, vend les pailles,
gaspille les fourrages, etc. Avec le Droit de Marché
rien de pareil ne se produit. Le preneur qui dispose de
ces deux grands éléments de production, le temps et
la sécurité, tente des améliorations devant lesquelles
reculerait un locataire ordinaire fort peu soucieux de
dépenser, de travailler pour un successeur. Il s'attache
à la terre. Bien que sachant n'être pas propriétaire, et
peu désireux de jouir d'un titre qu'il sait pertinem-
ment ne pas lui appartenir, il travaille comme tel.
Non-seulement il ne commet ni dégradation, ni excès,
mais il fait tout ce qui est nécessaire, plus peut-être

même, et il ne se laisse rebuter par aucune peine.
Se considérant comme uni au domaine, il lui consacre
tout son temps, parfois aussi une grande partie de ses
ressources.

On allègue encore en faveur du Droit de Marché qu'il
n'entretient point l'indivision, grâce au rachat fréquemment exercé soit par un voisin toujours disposé
à prendre la part du fermier, soit par ce dernier, soit
par le bailleur, soit enfin par tout propriétaire étranger
à la localité, acquérant sur le pied du fermage. On fait
plus, on cherche à réfuter ceux qui parlent de ré-
sistances et de voies de fait. Nous reconnaissons
sans peine que c'est là le point le plus faible de
l'argumentation des partisans du Droit de Marché ;
alors que l'on a des exemples frappants d'excès engendrés par cette pratique, nous ne comprenons pas
qu'on tâche de vouloir l'innocenter en disant que ces
violences sont mal connues et que rien n'indique que
les faits rapportés n'ont pas eu pour origine des causes
cachées et encore ignorées. On sait trop bien, par le
discrédit dont les dépointeurs sont atteints, ce qu'il
faut penser de cette réponse à des faits malheureuse-
ment trop certains et fort précis.

Ce que nous concevons mieux, c'est que l'on parle
de la difficulté de faire disparaître cette coutume.

Sans contredit, l'on peut citer des personnes qui,
par leur ténacité, leur courage et leur persévérance,
ont réussi à s'affranchir de cette servitude ; mais, re-
connaissons-le, le nombre en est assez restreint et
leur exemple peu suivi. Que l'on parcourt, par exemple, l'arrondissement de Péronne, d'Albert à Ham et
de Nesle à Combles, et l'on verra si le Droit de Marché
est près de succomber. Cette persistance qui est in-

contestable, et que reconnaissent tous ceux qui traitent
du Droit de Marché, alors même qu'ils s'en déclarent
les adversaires les plus résolus, cette persistance, disons-nous, provient de plusieurs causes, mais surtout
de l'état des esprits qui se montrent fort attachés à
cette pratique. Le rachat par les propriétaires, par
exemple, qui semble pourtant une excellente manière
de tout concilier, paraît une atteinte portée à la fortune des fermiers; l'opinion publique voit avec défa-
veur ce mode d'extinction qui a le tort de laisser
croire que le preneur s'enrichit aux dépens d'autrui. Notons, du reste, que ce n'est pas quand les fermiers et les propriétaires ont tant de peine à tomber
d'accord lors du renouvellement d'un bail que l'on
peut considérer le rachat comme un moyen d'une efficacité absolue. Il faut bien reconnaître que les intérêts sont trop opposés pour qu'il soit possible de s'entendre aisément en vue du rachat d'un droit auquel on
tient et dont on ne consent à faire l'abandon qu'en retour d'une indemnité jugée supérieure. D'ailleurs, ne
nous le dissimulons pas, le droit d'intrade, que per-
çoivent les propriétaires, est un avantage sérieux, tellement sérieux même que beaucoup, pour recevoir
l'intrade, supportent le droit de marché avec ses exigences, sans se plaindre (1). Ajoutons également que
les propriétaires prisent fort la certitude d'un paiement,
laquelle résulte de la quasi solidarité existant entre
les nombreux fermiers. Aussi a-t-on vu des propriétaires appartenant au pays où règne le droit de marché, préférer dans leurs acquisitions les terres grevées
de cette servitude. Sans nul doute, cela tient à ce que,
pour une somme relativement peu élevée et sensible-

(1) V. les exemples rapportés par M. Vion, *op. cit.*, p. 6, etc.

ment moindre que celle qu'il faudrait débourser ailleurs, ils tiennent à avoir une propriété considérable d'un prix quelque peu modique (les terres soumises au droit de marché ayant, comme nous l'avons dit plus haut, une valeur moins grande), en même temps qu'ils désirent jouir de certains bénéfices et de notables avantages pécuniaires. Mais ce qui fait la force de cette pratique et ce qui sera toujours un obstacle sérieux à sa destruction c'est l'état de l'opinion publique qui, depuis des années, ne cesse de lui être favorable. Comme par le passé, en effet, le Droit de Marché est en grande estime et le dépointeur complètement discrédité. Les luttes semblent finies, d'autant plus que les preneurs consentent assez facilement, lors du renouvellement de leurs baux, à subir une augmentation de fermage sur le pied de 1 pour 100 par période de dix-huit années. D'ailleurs, les petits propriétaires sont, la plupart du temps, incapables de résister aux prétentions des occupeurs. Ces derniers n'éprouvent guère de difficulté qu'avec les grands propriétaires ; c'est ainsi que s'il y a eu des crises sérieuses dans ces temps-ci, c'est lorsqu'il s'est agi du renouvellement des baux de MM. d'Estourmel, de Claybrooke et de Mme d'Hervilly ; mais de pareils faits sont rares et, à part quelques exceptions, on semble parfaitement accepter cette pratique du Droit de Marché.

Certainement, à l'envisager à un point de vue absolu et en raisonnant d'après la rectitude des principes, elle doit disparaître. Jadis cette coutume avait sa raison d'être : contribuant à faire parvenir la terre aux mains de ceux qui cultivaient le sol et qui étaient les plus capables d'en tirer tout le profit possible, elle répondait à un besoin, à une loi naturelle même. Mais aujourd'hui il n'en est plus ainsi. Toutefois, ce n'est pas un motif pour condamner sans appel le Droit [de Marché. Lorsque l'on veut apprécier une situation, il ne suffit pas de peser la somme des inconvénients et celle des avantages auxquels elle a donné lieu ; il importe, en outre, de voir quel est l'état des esprits à son encontre et il faut considérer la manière suivant laquelle sa disparition serait envisagée. Or, nous ne craignons pas de l'affirmer, si le Droit de Marché donne lieu, manifestement, à des conséquences fâcheuses, on doit reconnaître qu'il est susceptible de produire de bons résultats, qu'il peut servir à remplacer, dans une certaine mesure, les baux à long terme dont l'emploi est si désirable pour notre agriculture, et surtout que l'état présent de l'opinion publique en Picardie empêche toute modification. Ce résultat ne doit point surprendre, car les populations, habituées à cet usage, ne l'envisagent point du même œil que nous et le jugent mieux. Sachant qu'ils ne peuvent songer à se débarrasser violemment d'un état de choses né de circonstances particulières et d'événement antérieurs, les propriétaires se résignent et, tout en cherchant à tirer le meilleur parti de la situation, ils l'acceptent jusqu'au moment ou le Droit de Marché, cédant à plusieurs influences combinées, tombera de lui-même.

Au reste, les adversaires raisonnables de cette coutume ont si bien compris qu'il serait presque impossible de la supprimer totalement en ayant recours aux moyens légaux qu'ils proposent tout simplement aux bailleurs de le racheter, bien qu'ils protestent hautement contre cette pratique laquelle, à leurs yeux, constitue presque un vol. Évidemment s'ils parlent de la sorte, c'est qu'ils reconnaissent fort bien l'impossibilité d'une solution directe et législative; sans cela ils ne se mettraient pas en contradiction avec eux-mêmes. Du moment en effet que le rachat ne se conçoit que lorsqu'il s'agit d'éteindre un droit, recommander aux propriétaires d'y recourir, c'est assimiler la prétention du tenancier à un droit et lui donner un fondement juridique.

Ainsi que l'a parfaitement dit un adversaire déclaré (1), nous avons affaire non-seulement à un préjugé opiniâtre mais encore à un instrument d'une force incalculable. On se trompe grandement si l'on croit pouvoir venir facilement à bout de cette pratique qui a bravé l'autorité prétendue toute puissante de Louis XIV, et qui a résisté aussi bien aux menaces du pouvoir qu'à la transformation politique et sociale de la fin du xviiie siècle. Nul habitant du Santerre n'oserait soutenir l'efficacité d'une solution générale et immédiate consistant, par exemple, en une sorte d'expropriation du droit des fermiers moyennant une indemnité payée par les propriétaires; ce serait méconnaître des faits bien constatés que de croire à la possibilité d'un changement subit. Ce qu'il faut réformer, d'abord, ce sont les mœurs, car ce sont-elles qui entretiennent la vitalité du Droit de Marché. Tant que ce résultat ne sera pas obtenu, toute tentative sera vaine et l'accomplissement de la tâche presque illusoire. N'est-ce pas, du reste, le sort réservé aux réformes qui ne concordent pas avec l'état des esprits? Il est possible que des résultats partiels puissent se produire; mais, la situation générale ne peut guère être transformée. Il convient donc de s'en rapporter surtout au temps qui seul peut permettre de dissiper les préjugés et peut amener un

(1) Saudbreuil, op. cit., p. 61.

changement dans les idées. Si certaines causes, telles
que le rachat de la terre par les fermiers et les modi-
fications apportées dans les cultures du Nord sont capables de produire un changement dans l'état des
choses, il n'y a que le temps qui puisse venir à bout
du Droit de Marché.

CHAPITRE VII.

DES PRATIQUES ET DES CONTRATS ÉTRANGERS ANALOGUES AU DROIT DE MARCHÉ.

Si le droit de marché est une coutume isolée, en vigueur seulement dans la Picardie, et s'il n'existe nulle
part une coutume semblable (1), il faut reconnaître que
l'étranger fournit l'exemple de pratiques analogues
jusqu'à un certain point.

Dans le Hainaut, on connaît le *mauvais gré* qui res-
semble assez au Droit de Marché pour qu'on les ait
confondus très-souvent. Le mauvais gré, que M. l'abbé
P. de Cagny surnomme une contrefaçon du Droit de
Marché, au fond, paraît-il, n'est pas autre chose qu'une
prétention injuste de certains cultivateurs qui, en
recourant à des moyens blâmables et punissables, cher-

(1) Peut-être serait-on tenté d'assimiler au Droit de Marché le
bail à domaine congéable ou convenant usité en Bretagne, en vertu
duquel le propriétaire d'un héritage, en retenant la propriété du
fonds, transporte les édifices et superfices au preneur avec faculté
perpétuelle de congédier, moyennant le remboursement des améliorations. Mais il faut remarquer, d'une part, que l'on indemnise le
fermier, non pas pour l'abandon de son droit, mais bien pour les
améliorations faites par lui et, d'autre part, qu'il s'agit là d'un contrat bien reconnu, ayant ses règles propres et nullement d'une servitude. (V. notre *Histoire des contrats de locat. perpet.*, p. 263, etc.

chent à usurper l'exploitation indéfinie des *biens libres* qu'ils ont pris à bail, même à une date rapprochée, et qui ne peuvent appuyer leur prétendu droit sur aucun titre. Entre les deux usages il y a des différences tellement manifestes qu'une confusion est impossible.

Ce qui se passe en Dalmatie doit tout autant, si non plus, attirer notre attention. Dans ce pays, le paysan se considère comme maître de la terre qu'il a reçue à titre de fermier: non-seulement, on ne peut le chasser, mais le cultivateur se croit encore en mesure de transmettre le bien, de le partager, de le laisser en friche à son gré. Il y a telle propriété qui est ainsi divisée en parcelles fort petites, possédées par les fils et les parents du colon, sans que le propriétaire ait pu s'y opposer (1).

Parmi les coutumes anglaises, il en est plusieurs qui ont quelque rapport avec le Droit de Marché. C'est d'abord le *good will* ou *bon vouloir* pratiqué dans le nord de l'Irlande depuis le commencement du XVIIe siècle, reposant sur une base légale, il est vrai, et donnant au fermier sortant le droit de faire payer son consentement à la personne qui veut exploiter le même domaine. C'est ensuite le *tenant right*. M. J.-B. Mariage, dans un important Mémoire consacré à la réforme des baux à ferme (2), a comparé le droit de marché picard au *droit du fermier* ou *tenant right* revendiqué par les preneurs dans certaines parties de l'Angleterre et de l'Écosse (3), lequel consiste dans le droit

(1) Alb. Dumont. *Revue des Deux Mondes*, 1er octobre 1872, p. 689.

(2) J. B. Mariage. *De la réforme des baux à ferme*. Valenciennes, 1867.

(3) Non-seulement le *tenant right* règne dans les campagnes situées

de réclamer, lors du départ, une indemnité pour toutes les améliorations non encore épuisées *(compensation for inexhausted improvements)* et basée sur le nombre d'années écoulées depuis que la dépense a été faite. Seulement, un point essentiel à noter c'est que, pour la jurisprudence anglaise, le *tenant right* est une véritable propriété, à tel point que le landlord qui veut affranchir son domaine doit racheter au fermier. Cette convention singulière a trouvé une confirmation officielle dans les coutumes qui, pour la plupart, ne se sont pas contentées de lui donner une existence légale, mais qui ont encore édicté des règles spéciales. Les coutumes de certains comtés ont même des tarifs tout préparés qu'il s'agit simplement d'appliquer (1). Remarquons, en passant, que les coutumes sont considérées d'une façon générale comme constituant une législation obligatoire pour tous les baux ; aussi, à moins de convention expresse, le propriétaire et le locataire sont censés adopter toutes les dispositions de la coutume. Naturellement il existe, au point de vue du *tenant right*, une très-grande diversité entre les usages locaux ; toutefois, il est des principes que l'on retrouve presque partout. Par exemple, l'on peut remarquer que le droit du preneur s'étend sur toute la

au sud de Londres, c'est-à-dire dans les comtés de Surrey et de Sussex ainsi que dans la partie du comté voisin connue sous le nom de Weald of Kent, mais il est également en vigueur à une soixantaine de lieues, au nord de Londres, dans tout le pays qui, s'étendant du sud-est au nord-ouest, comprend le comté de Lincoln, le nord de celui de Nottingham et une partie du district occidental du West-riding du Yorkshire. (F. Malézieux, *Etudes agricoles sur la Grande-Bretagne*, p. 368). V. Dixon, *Law of the farm.*

(1) M. Mariage a donné à la fin de son travail le tableau des in-

récolte qu'il a semée et qu'il laisse sur terre à son départ, sur les labours préparatoires, la paille et les foins existant dans la ferme, quelquefois aux fumiers enfouis. Ailleurs, le fermier est en mesure de se faire rembourser certaines dépenses faites dans l'intérêt de la culture, bien qu'elles ne consistent pas réellement dans la manipulation de la terre. Ces frais comprennent d'ordinaire l'achat des nourritures pour le bétail, autres que celles produites sur le domaine, l'acquisition de certaines denrées, le marnage, le drainage, la fumure par des os pulvérisés, par des tourteaux, la construction de bâtiments nouveaux et nécessaires, etc. Dans la pratique, l'indemnité due au fermier sortant (laquelle est réglée par voie de compensation) est supportée par le fermier entrant; le prix des améliorations est fixé par des experts qui en étendent le montant à un nombre d'années supposé suffisant pour le recouvrement de chaque espèce d'amélioration et ils en déduisent le temps durant lequel le preneur a obtenu des bénéfices (1).

demnités d'après le *calendrier du fermier* d'Arthur Young (*Arth. Young's farmer's calendar, re-writt and extended by* John Chalmers Morton, 1861, p. 68).

(1) Cf. Mariage, op. cit., p. 38.

Le *tenant right* a, paraît-il, donné lieu à des divergences d'opinion très-considérables. Tandis que les uns ne remarquent que les avantages, les autres signalent seulement les inconvénients. Les fermiers peuvent fort bien abuser de leur droit et se coaliser contre un propriétaire pour le forcer à accepter des conditions injustes et onéreuses; d'autres fois ce sont des fermiers devenus de rusés fripons employant des moyens déloyaux dans le but de se faire allouer des indemnités très-fortes, pour de prétendues améliorations foncières; leur adresse est telle que les experts s'y laissent prendre,

Sans contredit, il existe des points de contact entre le *tenant right* et le droit de marché; toutefois il importe de signaler immédiatement de très-notables différences. En effet, outre certaines dissemblances qui s'aperçoivent aisément, on remarque que le Droit de Marché n'a été reconnu ni par la loi, ni par la jurisprudence, ni par l'autorité. Cette dernière n'a cessé de le combattre, par ce qu'elle voyait en lui une coutume abusive ou tout au moins irrégulière, tandis que le *tenant right* a, au contraire, une existence parfaitement légale et une situation bien caractérisée. Par suite, en ce qui concerne le Droit de Marché, la position des deux parties en présence n'est pas aussi bien déterminée que lorsqu'il s'agit d'une location anglaise (1). Enfin, en

malgré toute leur habileté; si, par exemple, il s'agit de fixer l'indemnité due pour une fumure qui a déjà porté une récolte, suivant des règles admises dans le sud de l'Angleterre, cette fumure doit compter pour moitié, comment savoir si elle a été forte ou faible? Bien souvent l'on est obligé de s'en rapporter aux affirmations du fermier sortant et au témoignage de ses ouvriers. C'est là où la fraude peut s'exercer.

De leur côté, les partisans du *tenant right* font valoir tout l'avantage d'une pratique qui détermine le cultivateur à faire des améliorations et qui, par conséquent, exerce une influence sur l'accroissement de la production agricole. Ils affirment qu'il peut remplacer les baux à long terme et qu'il constitue un excellent correctif au système des locations annuelles tant prisées en Angleterre. Enfin ils pensent que ce serait un remède efficace à appliquer à l'Irlande, s'appuyant sur l'institution à peu près semblable qui existe dans le nord de l'Irlande (en Ulster), sous le nom de *good will* et qui n'a pas peu contribué à la prospérité relative de cette partie de l'île (Cf. Malézieux, op. cit., p. 369, etc).

(1) Sous l'empire de cette coutume, par exemple, pour que le contrat prenne fin il est absolument nécessaire que le landlord et le tenant se préviennent réciproquement six mois d'avance.

5

cas de rachat du prétendu droit appartenant au fermier
picard, c'est le propriétaire qui supporte l'indemnité,
tandis que de l'autre côté de la Manche tout se passe
entre l'ancien et le nouveau fermier, ce dernier acquit-
tant l'indemnité due au preneur sortant. En France, les
hommes de loi, les fonctionnaires publics et les propriétaires des villes condamnent unanimement le Droit
de Marché dans lequel ils voient une atteinte au droit
de propriété ; en Angleterre, au contraire, le *tenant
right* est considéré comme une institution sérieuse,
malgré ses défauts (1). L'analogie n'est donc pas complète.

(1) La Belgique (Flandre orientale et occidentale, provinces
d'Anvers et du Brabant) offre également le spectacle d'un droit res-
semblant assez au *tenant right*. En vertu de ce qu'on nomme *droits
du locataire* ou *prisée*, le fermier sortant a droit, pour toutes les
améliorations qu'il abandonne à son successeur, à une indemnité
fixée par des experts et acquittée par le fermier entrant ou par le
bailleur. Selon M. Mariage, les Flamands considèrent la prisée
comme une institution vitale, indispensable, suppléant les baux à
long terme, garantissant au propriétaire le bon traitement du sol en
permettant au fermier de ne pas négliger sa culture, même durant
l'année de changement, puisque le remboursement de ses travaux et
des engrais de toute sorte non épuisés lui est assuré.

TABLE DES MATIÈRES.

Orléans. — Imp. Ernest Colas.

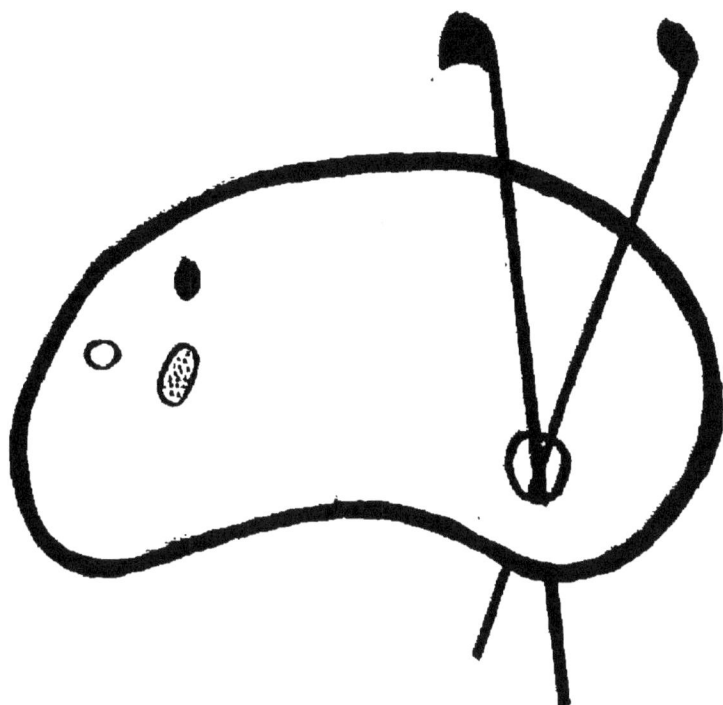

ORIGINAL EN COULEUR
NF Z 43-120-8